Jan Chozen Bays
Achtsam durch den Tag

Jan Chozen Bays

Achtsam durch den Tag

53 federleichte Übungen
zur Schulung der Achtsamkeit

*Aus dem amerikanischen Englisch übersetzt
von Stephan Schuhmacher*

WINDPFERD

Titel der Originalausgabe *How to Train a Wild Elephant & Other Adventures in Mindfulness*
Erschienen bei Shambhala Publications, Inc., Boston, MA, USA
www.shambhala.com
© 2011 by Jan Chozen Bays
Aus dem amerikanischen Englisch übersetzt von *Stephan Schuhmacher*

4. Auflage 2014
© 2011 Windpferd Verlagsgesellschaft mbH, Oberstdorf
Alle Rechte vorbehalten
Umschlaggestaltung: Guter Punkt GmbH & Co. KG, München
Bildquelle Cover: Servikos/shutterstock
Satz und Layout: Marx Grafik und ArtWork
Gesetzt aus der Adobe Garamond
Druck: Himmer AG, Augsburg

Printed in Germany
ISBN 978-3-86410-024-6
www.windpferd.de

Inhalt

Einführung 7
  Was ist Achtsamkeit und warum ist sie wichtig? 8
  Die Vorteile der Achtsamkeit 11
  Missverständnisse über Achtsamkeit 19
  Eine Gebrauchsanweisung für dieses Buch 20

1 Die nichtdominante Hand benutzen 25
2 Keine Spuren hinterlassen 28
3 Füllwörter 31
4 Die eigenen Hände wahrnehmen 34
5 Beim Essen nur essen 37
6 Wahre Komplimente 40
7 Auf die Körperhaltung achten 44
8 Dankbarkeit am Ende des Tages 48
9 Auf Klänge lauschen 51
10 Jedes Mal, wenn das Telefon klingelt 54
11 Liebevolle Berührung 58
12 Warten 62
13 Ein Medien-Fasten 66
14 Liebevolle Augen 69
15 Im Geheimen Gutes tun 72
16 Nur drei Atemzüge 75
17 In neue Räume eintreten 79
18 Auf Bäume achten 82
19 Lassen Sie die Hände ruhen 86
20 Ja sagen 89
21 Die Farbe Blau sehen 92
22 Die Fußsohlen 95
23 Leerer Raum 98
24 Ein Bissen nach dem anderen 101
25 Endloses Verlangen 104
26 Das Leiden studieren 107
27 Alberne Gänge 111
28 Wasser 114

29	Nach oben sehen	117
30	Abgrenzen und Verteidigen	120
31	Gerüche bemerken	123
32	Diese Person könnte heute Nacht sterben	127
33	Hitze und Kälte	130
34	Die große Erde unter Ihnen	134
35	Abneigung bemerken	138
36	Übersehen Sie etwas?	141
37	Der Wind	145
38	Zuhören wie ein Schwamm	148
39	Wertschätzung	151
40	Zeichen des Alterns	154
41	Pünktlich sein	158
42	Dinge aufschieben	162
43	Ihre Zunge	166
44	Ungeduld	169
45	Angst	173
46	Achtsames Autofahren	176
47	Tief in die Nahrung hineinsehen	180
48	Licht	184
49	Ihr Magen	188
50	Werden Sie sich Ihrer Mitte bewusst	192
51	Liebende Güte für den Körper	197
52	Lächeln	201
53	Die Dinge besser hinterlassen, als wir sie vorgefunden haben	205

Sitzmeditation für Anfänger	209
Literaturempfehlungen	212
Über die Autorin	213

Einführung

Oft höre ich Menschen sagen: „Ich würde ja gern Achtsamkeit praktizieren, aber ich habe so viel zu tun, dass ich einfach keine Zeit dafür habe."

Die meisten Menschen glauben, Achtsamkeit sei etwas, das sie irgendwie in einen schon übervollen Terminplan mit Beruf, Kindererziehung und Hausarbeit hineinquetschen müssten. Doch Achtsamkeit zu einem Teil Ihres Lebens zu machen, hat in Wirklichkeit mehr von einem Spiel wie ‚Verbinden Sie die Punkte' oder einem ‚Malen nach Zahlen'. Erinnern Sie sich an jene Malvorlagen, auf denen jeder Teilbereich mit einer Zahl markiert war, die Ihnen sagte, welche Farbe Sie hier verwenden sollten? Ein hübsches Bild trat langsam hervor, indem Sie zuerst alle braunen, dann alle grünen und alle blauen Felder ausmalten.

Achtsamkeit zu üben, ist etwas ganz Ähnliches. Sie beginnen mit einem kleinen Teilbereich Ihres Lebens – sagen wir mit der Weise, wie Sie ans Telefon gehen. Wann immer es klingelt, halten Sie erst einmal inne, bevor Sie den Anruf annehmen, um drei langsame, tiefe Atemzüge zu nehmen. Sie machen dies etwa eine Woche lang, bis es zu einer Gewohnheit geworden ist. Dann fügen Sie eine weitere Achtsamkeitsübung, wie etwa das aufmerksame Essen, hinzu. Haben Sie diese Form der Präsenz in Ihr Leben integriert, fügen Sie eine weitere hinzu. Allmählich sind Sie dann im Alltag zunehmend präsent und aufmerksam. Die erfreuliche Erfahrung eines erwachten Lebens beginnt sich zu entwickeln.

Die Übungen in diesem Buch verweisen auf viele unterschiedliche Bereiche in Ihrem Leben, die Sie mit den warmen Farben einer offenherzigen Achtsamkeit ausfüllen können. Ich bin Meditationslehrerin und lebe in einem Zen-Kloster in Oregon. Ich bin aber auch Kinderärztin, Ehefrau, Mutter und Großmutter, und deshalb weiß ich sehr wohl, wie anstrengend und herausfordernd der Alltag sein kann. Viele dieser Übungen habe ich als Hilfe entwickelt, um inmitten des Ablaufs eines geschäftigen Lebens wacher, glücklicher und entspannter zu werden. Jetzt biete ich diese Sammlung all jenen an, die gern präsenter sein und die kleinen Momente des Lebens stärker genießen möchten. Um wieder ==Friede und Gleichgewicht in Ihr Leben zu bringen==, müssen Sie nicht einen Monat lang in ein Kloster oder in eine Meditationsklausur gehen. Sie stehen Ihnen schon ==jetzt== offen. Die tägliche Achtsamkeitsübung wird Ihnen helfen, Erfüllung und Befriedigung in ebendem Leben zu finden, das Sie jetzt führen.

Was ist Achtsamkeit und warum ist sie wichtig?

Unter Forschern, Psychologen, Ärzten, Erziehern, aber auch in der allgemeinen Öffentlichkeit hat das Interesse an Achtsamkeit während der letzten Jahre enorm zugenommen. Es gibt inzwischen eine Menge wissenschaftlicher Forschungsergebnisse, die die Vorteile der Achtsamkeit für die körperliche und geistige Gesundheit belegen. Doch was genau meinen wir mit „Achtsamkeit"?

Hier ist die Definition, die ich gern verwende:

> *Achtsamkeit bedeutet, dem, was um Sie herum und in Ihnen geschieht – in Ihrem Körper, Herzen und Geist –, bewusst die volle Aufmerksamkeit zu schenken. ==Achtsamkeit ist Aufmerksamkeit ohne Kritik und ohne Urteil.==*

Manchmal sind wir achtsam und manchmal nicht. Ein gutes Beispiel ist das Achten auf Ihre Hände am Steuer eines Autos. Erinnern Sie sich an Ihre erste Fahrstunde und daran, wie der Wagen damals in Schlangenlinien vorankam, während Ihre Hände das Steuer ungeschickt hin und her drehten, korrigierten und überkorrigierten. Sie waren hellwach und ganz und gar auf die Mechanik des Autofahrens konzentriert. Nach einer Weile lernten Ihre Hände dann, richtig zu steuern und automatisch feine Korrekturen vorzunehmen. Sie vermochten den Wagen flüssig voranrollen zu lassen, ohne noch bewusst auf Ihre Hände zu achten. Sie konnten gleichzeitig lenken, reden, essen und Radio hören.

EINFÜHRUNG

Dies ist ein Beispiel für eine Erfahrung, die wir alle bereits gemacht haben – die des Fahrens, während wir auf Autopilot geschaltet haben. Sie suchen nach den Schlüsseln, öffnen die Autotür, setzen vorsichtig aus der Auffahrt zurück und … fahren in die Parkgarage am Arbeitsplatz. Aber Moment mal! Was passierte mit den dreißig Kilometern und vierzig Minuten, die zwischen Ihrem Haus und dem Arbeitsplatz liegen? Waren die Ampeln rot oder grün? Ihr Geist hat in irgendeinem angenehmen oder auch betrüblichen Bereich Ferien gemacht, während Ihr Körper Ihr Gefährt geschickt durch den fließenden Verkehr und Wartezeiten an roten Ampeln manövriert hat, bis Sie plötzlich an Ihrem Bestimmungsort wieder aufgewacht sind.

Ist das etwas Schlechtes? Es ist nicht schlecht in dem Sinne, dass Sie sich deshalb schämen oder schuldig fühlen sollten. Wenn Sie in der Lage sind, seit Jahren auf Autopilot zur Arbeit zu fahren, ohne einen Unfall zu bauen, dann ist das eine reife Leistung! Wir könnten jedoch sagen, dass es traurig ist. Verbringen wir nämlich viel Zeit, in der unser Körper eine Sache tut, während unser Geist woanders Ferien macht, so bedeutet dies, dass wir für einen guten Teil unseres Lebens nicht präsent sind. Und sind wir nicht präsent, dann haben wir dauernd ein vages Gefühl des Unbefriedigtseins. Dieses Gefühl der Unzufriedenheit, einer Kluft zwischen uns selbst und allen anderen Dingen und Menschen, ist eines der Grundprobleme des menschlichen Lebens. Es führt zu jenen Momenten, in denen uns ein Gefühl tiefen Zweifels und abgrundtiefer Einsamkeit durchfährt.

Der Buddha nannte dies die „Erste Wahrheit": die Tatsache, dass jeder Mensch irgendwann diese Not erfährt. Natürlich gibt es in unserem Leben auch viele glückliche Momente, doch wenn unsere Freunde nach Hause gegangen sind, wenn wir einsam oder müde sind oder wenn wir uns enttäuscht, traurig oder betrogen fühlen, dann tauchen die Unzufriedenheit und das Unglücklichsein wieder auf.

Wir alle versuchen es mit rezeptfreien Heilmitteln – mit Essen, Drogen, Sex, Überarbeitung, Alkohol, Kino, Einkaufen, Spielen –, um das Leiden des gewöhnlichen Lebens als Menschenwesen zu lindern. Alle diese Heilmittel funktionieren für eine Weile, aber die meisten von ihnen haben Nebenwirkungen – wie etwa Schulden, einen Filmriss, Inhaftierung oder den Verlust von jemandem, den wir lieben –, und damit vergrößern sie auf lange Sicht unser Leiden nur noch.

EINFÜHRUNG

Die Packungsbeilage dieser rezeptfreien Heilmittel besagt: „Nur zur vorübergehenden Linderung von Symptomen geeignet. Wenn die Symptome anhalten, suchen Sie einen Arzt auf." Im Laufe vieler Jahre habe ich ==ein verlässliches Heilmittel== zur Linderung des immer wieder auftretenden Unbehagens und Unglücklichseins gefunden. Ich habe es mir selbst und vielen anderen Menschen verschrieben – mit ausgezeichneten Ergebnissen. Es ist die regelmäßige ==Übung von Achtsamkeit==.

Viele der Unzufriedenheiten mit dem Leben werden verschwinden und viele einfache Freuden werden auftauchen, wenn wir lernen, für die Dinge, so wie sie sind, präsent zu sein.

Sie haben bereits Augenblicke der achtsamen Aufmerksamkeit erlebt. Jeder Mensch kann sich wenigstens an eine Gelegenheit erinnern, bei der er vollkommen wach war und alles klar und lebendig wurde. Wir nennen diese Momente ==Gipfelerfahrungen.== Es kann dazu kommen, wenn wir etwas ungewöhnlich Schönes oder Beeindruckendes erfahren, wie etwa die Geburt eines Kindes oder den Tod eines geliebten Menschen. Es kann auch geschehen, wenn unser Auto ins Schleudern gerät. ==Die Zeit verlangsamt sich,== während wir beobachten, ob es zu einem Unfall kommt oder nicht. Aber es muss gar nichts Dramatisches sein. Es kann während eines gewöhnlichen Spaziergangs dazu kommen, wenn wir um eine Ecke gehen und plötzlich alles für einen Augenblick leuchtet.

Was wir Gipfelerfahrungen nennen, sind Zeiten, zu denen wir ==vollkommen wach== sind. Unser Leben und unsere Aufmerksamkeit sind nicht voneinander getrennt, sie sind eins. In diesen Momenten schließt sich die Kluft zwischen uns und allem anderen und das Leiden verschwindet. Wir fühlen uns zufrieden. Tatsächlich sind wir jenseits von Zufriedenheit und Unzufriedenheit. Wir sind ==gegenwärtig==. Wir sind Gegenwart. Wir erhalten eine vielversprechende Kostprobe von dem, was die Buddhisten das erleuchtete Leben nennen.

Diese Momente verblassen unweigerlich und schon sind wir wieder getrennt – und sauer darüber. Wir können das Eintreten von Gipfelerfahrungen oder Erleuchtung nicht erzwingen. Das Werkzeug der Achtsamkeit kann uns jedoch helfen, die Lücken zu schließen, die unser Unglücklichsein verursachen. Achtsamkeit vereinigt unseren Körper, unser Herz und unseren Geist und bringt sie in gesammelter Aufmerksamkeit zusammen. Wenn wir auf diese Weise vereinigt sind, wird die Schranke zwischen „Ich" und „alles andere" immer durchlässiger, bis sie in einem einzigen Augenblick verschwindet! Für eine Weile, manchmal nur für einen kurzen Moment, aber gelegentlich auch für ein ganzes Leben, ist alles ganz, ist alles heilig und in Frieden.

Die Vorteile der Achtsamkeit

Die Übung von Achtsamkeit hat viele Vorzüge. Forschungen über das Glücklichsein, die Brown und Ryan an der Universität von Rochester angestellt haben, haben gezeigt, dass „Menschen mit großer Achtsamkeit exemplarisch sind für Menschen, die geistig gesund sind sowie blühen und gedeihen". Achtsamkeit ist gut gegen alle Erkrankungen Ihres Herzens, Ihres Geistes und sogar Ihres Körpers. Aber glauben Sie mir das nicht nur, weil ich es gesagt habe. Versuchen Sie es für ein Jahr mit den Übungen in diesem Buch und finden Sie heraus, wie sie Ihr Leben verändern.

Hier sind einige der Vorteile der Achtsamkeit, die ich entdeckt habe:

1. Achtsamkeit spart Energie

Zum Glück können wir lernen, Aufgaben fachgerecht zu erledigen. Bedauerlicherweise erlaubt uns diese Fähigkeit jedoch, dabei unbewusst zu werden. Bedauerlich ist dies deshalb, weil wir einen großen Teil unseres Lebens versäumen, sobald wir unbewusst werden. Wenn wir „auschecken", dann wandert unser Geist gern zu einem von drei Orten: der Vergangenheit, der Zukunft oder dem Land der Phantasie. Diese drei Bereiche besitzen außerhalb unserer Vorstellung keinerlei Realität. Genau hier, wo wir sind, ist der einzige Ort, an dem, und genau jetzt ist die einzige Zeit, zu der sich unser Leben abspielt.

Das Vermögen des menschlichen Geistes, sich an die Vergangenheit zu erinnern, ist eine einzigartige Gabe. Es hilft uns, aus unseren Irrtümern zu lernen und eine unvorteilhafte Ausrichtung unseres Lebens zu verändern. Schwenkt unser Geist jedoch zurück in die Vergangenheit, dann beginnt er oft, endlos über zurückliegende Fehler nachzugrübeln. „Hätte ich nur dieses gesagt ..., dann hätte sie bestimmt jenes gesagt ..." Unglücklicherweise scheint unser Geist uns für dumm zu halten. Er bringt unsere Fehler der Vergangenheit immer wieder aufs Tapet, wiederholt dabei ständig seine Beschuldigungen und Kritik.

Nie würden wir 250-mal bezahlen, um uns denselben schmerzvollen Film anzusehen, doch wir lassen zu, dass unser Geist eine unangenehme Erinnerung immer und immer wieder abspielt, und wir erfahren dabei jedes Mal dieselbe Scham und dieselbe Bekümmerung. Nie würden wir ein Kind 250-mal an einen kleinen Fehler, den es gemacht hat, erinnern, aber wir lassen zu, dass unser Geist immer weiter die Vergangenheit heraufbeschwört und unser kleines inneres Wesen Scham und Wut aussetzt. Es sieht so aus, als fürchtete unser Geist, noch einmal einem Fehlurteil, der Unwissenheit oder Unachtsamkeit zum Opfer zu fallen. Er scheint uns nicht für klug zu halten – klug genug, um aus einem Fehler zu lernen und ihn nicht zu wiederholen.

==Dummerweise bringt ein angsterfüllter Geist mit einer gewissen Wahrscheinlichkeit gerade das hervor, was er am meisten fürchtet.== Dem ängstlichen Geist ist nicht klar, dass er nicht für die Gegenwart wach ist, wenn er uns in Tagträume und Bedauern über die Vergangenheit verstrickt. Sind wir nicht fähig, präsent zu sein, dann neigen wir dazu, wenig weise und geschickt zu handeln. Es ist wahrscheinlich, dass wir dann genau das tun, was unser Geist befürchtet.

Die Fähigkeit des menschlichen Geistes, für die Zukunft vorauszuplanen, ist eine weitere unserer einzigartigen Gaben. Sie stellt uns eine Landkarte und einen Kompass zur Verfügung, nach denen wir steuern können. Dies verringert die Wahrscheinlichkeit, dass wir falsch abbiegen und einen langen Umweg machen werden. Sie vergrößert die Wahrscheinlichkeit, dass wir unser Lebensende zufrieden mit unserem Lebensweg und mit dem, was wir geschafft haben, erreichen.

Unglücklicherweise versucht unser Geist in seiner Sorge um uns, Pläne für eine riesige Zahl von möglichen Zukünften zu machen, von denen die meisten niemals eintreten. Diese ständigen Bocksprünge in die Zukunft sind eine Verschwendung unserer mentalen und emotionalen Energie. Die beste Vorbereitung auf die unbekannte Zukunft besteht darin, einen vernünftigen Plan zu machen und dann auf das zu achten, was eben jetzt geschieht. Dann können wir das, was auf uns zufließt, mit einem klaren, flexiblen Geist und mit offenem Herzen begrüßen. Dann sind wir bereit und fähig, unsere Pläne zu verändern und sie der Realität des Augenblicks anzugleichen.

Der Geist liebt es ebenfalls, Ausflüge in das Reich der Phantasie zu unternehmen, indem er einen inneren Film eines neuen und anderen Ichs kreiert – eines berühmten, schönen, machtvollen, talentierten, erfolgreichen, reichen und geliebten Ichs. Das Vermögen des menschlichen Geistes zu phantasieren ist etwas Wunderbares; es ist die Grundlage all unserer Kreativität. Es macht es uns möglich, uns neue Erfindungen vorzustellen, neue Kunstwerke und Kompositionen zu schaffen, neue wissenschaftliche Hypothesen aufzustellen und Pläne für etwas zu entwerfen, das von einem neuen Haus bis zu neuen Kapiteln unseres Lebens reichen kann. Unglücklicherweise kann das auch zu einer Flucht werden – einer Flucht vor allem, was am gegenwärtigen Augenblick unangenehm ist, einer Flucht aus der Angst vor dem Nichtwissen um das, was gegenwärtig auf uns zukommt, einer Flucht vor der Furcht, dass der nächste Moment (oder die nächste Stunde oder das nächste Jahr) uns Schwierigkeiten oder den Tod bringen könnte. Unablässiges Phantasieren und Tagträumen ist etwas anderes als zielgerichtete Kreativität. Kreativität entsteht daraus, dass der Geist in Neutralität verweilt, sodass er sich klären kann und eine saubere Leinwand entsteht, auf der neue Ideen, Gleichungen, Gedichte, Melodien oder farbenfrohe Pinselstriche entstehen können.

Gestatten wir es dem Geist, in der Gegenwart zu ruhen, voll von dem, was tatsächlich genau jetzt geschieht, und ziehen wir ihn ab von wiederholten fruchtlosen, unsere Energie aufzehrenden Ausflügen in die Vergangenheit, die Zukunft und in Phantasiewelten, dann tun wir etwas sehr Wichtiges. Wir erhalten die Energie des Geistes. Er bleibt frisch und offen, bereit, auf alles zu reagieren, was in ihm auftaucht.

Das mag sich trivial anhören, aber das ist es keineswegs. Gewöhnlich ruht unser Geist nie. Selbst während der Nacht ist er aktiv und erzeugt aus einer Mischung aus unseren Ängsten und den Ereignissen unseres Lebens Träume. Wir wissen, dass unser Körper ohne Verschnaufpausen nicht funktionieren kann, deshalb gönnen wir ihm jede Nacht wenigstens ein paar Stunden, in denen er sich hinlegen und ausruhen kann. Wir vergessen jedoch, dass auch unser Geist Ruhephasen braucht. Er findet sie im gegenwärtigen Moment, in dem er sich niederlassen und sich dem Fluss der Ereignisse überantworten kann.

Die Übung der Achtsamkeit erinnert uns daran, unsere Energie nicht für Reisen in die Vergangenheit und die Zukunft zu vergeuden, sondern immer wieder an ebendiesen Ort zurückzukehren und in dem zu ruhen, was genau jetzt geschieht.

2. Achtsamkeit schult und stärkt den Geist

Wir wissen alle, dass man den Körper trainieren kann. Wir können beweglicher werden (Turner und Akrobaten), graziöser (Balletttänzer), geschickter (Pianisten) oder stärker (Gewichtheber). Der Tatsache jedoch, dass es viele Aspekte des Geistes gibt, die man kultivieren kann, sind wir uns weniger bewusst. Kurz vor seiner Erleuchtung beschrieb der Buddha die Eigenschaften von Herz und Geist, die er über viele Jahre entwickelt hatte. Er hatte beobachten können, dass sein Geist „gesammelt, gereinigt, licht, unbefleckt, geschmeidig, gehorsam, frei von Mängeln und unerschütterlich" geworden war. Wenn wir Achtsamkeit üben, lernen wir, den Geist aus seiner gewohnheitsmäßigen Voreingenommenheit herauszuheben und ihn an einem Ort unserer Wahl abzusetzen, um einen bestimmten Bereich unseres Lebens zu erhellen. Wir schulen ihn darin, leicht, machtvoll und flexibel zu sein und sich auf das zu konzentrieren, worauf wir ihn richten möchten.

Der Buddha sprach von der Notwendigkeit, den Geist zu zähmen. Er verglich diesen Vorgang mit dem Zähmen eines wilden Elefanten aus dem Dschungel. So wie ein wilder Elefant Schaden anrichten kann, indem er die Ernte niedertrampelt und Menschen verletzt, so kann der ungezähmte und launische Geist uns selbst und den Menschen um uns herum schaden. Unser menschlicher Geist besitzt viel mehr Macht und viel größere Kräfte, als uns klar ist. Die Achtsamkeit ist ein wirksames Instrument zur Schulung des Geistes; sie verschafft uns Zugang zum wahren Potenzial des Geistes – zu Einsicht, Freundlichkeit und Kreativität – und ermöglicht uns, es zu nutzen.

Der Buddha wies darauf hin, dass man einen wilden Elefanten, nachdem man ihn eingefangen und aus dem Dschungel herausgeführt hat, erst einmal an einen Pfahl binden muss. Was unseren Geist angeht, so nimmt der Pfahl die Form dessen an, worauf wir die Aufmerksamkeit in unserer Achtsamkeitsübung richten – zum Beispiel die Form des Atems, des Essens in unserem Mund, unserer Körperhaltung. Wir verankern den Geist, indem wir ihn immer und immer wieder zu einer Sache zurückkehren lassen. Das beruhigt ihn und befreit ihn von Ablenkungen.

Ein wilder Elefant hat viele ungestüme Gewohnheiten. Er läuft weg, wenn sich ihm Menschen nähern. Er greift an, wenn er sich fürchtet. Mit unserem Geist ist es ganz ähnlich. Wenn er Gefahr spürt, rennt er vor der Gegenwart davon. Er flüchtet sich in angenehme Phantasien, in Gedanken an künftige Rache, oder er wird einfach taub. Wenn er verängstigt ist, greift er vielleicht in einem Wutausbruch andere Menschen an, oder er richtet den Angriff nach innen mit stiller, aber zersetzender Selbstkritik.

Zu Lebzeiten des Buddha wurden Elefanten als Reittiere für den Krieg trainiert; man brachte ihnen bei, Befehlen zu gehorchen, ohne vor dem Lärm und dem Chaos auf dem Schlachtfeld zu fliehen. So kann auch ein durch Achtsamkeit geschulter Geist den sich schnell verändernden Bedingungen des modernen Lebens unerschütterlich standhalten. Ist unser Geist erst einmal gezähmt, vermag er ruhig und gefestigt zu bleiben, wenn er mit den unvermeidlichen Schwierigkeiten in dieser Welt konfrontiert wird. Schließlich laufen wir nicht mehr vor Problemen davon, sondern sehen sie als eine Möglichkeit, unsere physische und mentale Stabilität auf die Probe zu stellen und auszubauen.

Die Achtsamkeit hilft uns, die gewohnheitsmäßigen und konditionierten Fluchtmechanismen unseres Geistes zu erkennen, und gestattet es uns, eine alternative Weise des In-der-Welt-Seins auszuprobieren. Diese Alternative besteht darin, unseren Geist in den tatsächlichen Ereignissen des gegenwärtigen Augenblicks ruhen zu lassen – in den Klängen, die wir mit den Ohren hören, den Empfindungen, die wir über unsere Haut fühlen, den Farben und Formen, die die Augen aufnehmen. Achtsamkeit hilft, das Herz und den Geist zu stabilisieren, sodass sie von den unvorhergesehenen Ereignissen in unserem Leben nicht mehr so heftig durchgerüttelt werden. Üben wir Achtsamkeit lange und geduldig genug, dann interessieren wir uns schließlich für alles, was geschieht; wir werden neugierig darauf, was wir aus Widrigkeiten und schließlich sogar aus unserem eigenen Tod lernen können.

3. Achtsamkeit ist gut für die Umwelt

Der größte Teil dieser mentalen Aktivität, die endlos in den Reichen der Vergangenheit, der Zukunft und der Phantasie umherwandert, ist nicht nur nutzlos, sondern auch destruktiv. Warum? Sie wird nämlich angetrieben von einem ökologisch schädlichen Treibstoff: der Angst.

Sie fragen sich vielleicht, was Angst denn mit Ökologie zu tun hat. Wenn wir von Ökologie sprechen, dann denken wir gewöhnlich an eine Welt der physischen Beziehungen zwischen Lebewesen, etwa der Beziehungen zwischen Bakterien, Pilzen, Pflanzen und Tieren in einem Wald. Aber ökologische Beziehungen basieren auf einem Austausch von Energie – und ==Angst ist eine Energie.==

Wir sind uns vielleicht dessen bewusst, dass es sich schädlich auf ein ungeborenes Kind auswirken kann, wenn eine Mutter in chronischer Angst lebt und sich deshalb der Fluss der Nährstoffe und der Hormone verändert, die den Fötus überfluten. Wenn wir Angst haben, dann beeinflusst das gleichermaßen die vielen „Lebewesen" in unserem Inneren – unser Herz, unsere Leber, unseren Darm, die Milliarden von Bakterien in unserem Darm, unsere Haut. Die negativen Auswirkungen von Angst und Sorge sind nicht auf unseren Behälter, unseren Körper, beschränkt. Unsere Angst beeinflusst auch jedes Wesen, mit dem wir in Kontakt kommen. Angst ist ein höchst ansteckender Geisteszustand, der sich schnell über ganze Familien, Gemeinschaften und sogar Nationen ausbreitet.

==Achtsamkeit== bedeutet, dass wir unseren Geist an einem Ort ruhen lassen, an dem es ==keine Angst== und ==keine Sorge== gibt. Tatsächlich finden wir dort das genaue Gegenteil. Wir entdecken ==Einfallsreichtum, Mut und ein stilles Glück.==

Wo befindet sich dieser „Ort"? Er kann nicht geographisch oder zeitlich lokalisiert werden. Er ist die fließende Zeit und der Ort des gegenwärtigen Augenblicks. Angst wird von den Gedanken an Vergangenheit und Zukunft genährt. Wenn wir diese Gedanken fahren lassen, dann lassen wir auch die Angst fahren und sind in Frieden. Doch wie gelingt uns dies? Wir lassen unsere Gedanken los, indem wir vorübergehend Energie von der Denkfunktion des Geistes abziehen und diese der Aufmerksamkeitsfunktion des Geistes zuführen. Diese bewusste Zufuhr von Energie ist die Essenz der Achtsamkeit. Entspannte, wache Aufmerksamkeit ist das Gegenmittel gegen Angst und Sorge, sowohl gegen unsere eigene als auch gegen die der anderen. Sie ist eine ökologisch förderliche Weise, ein menschliches Leben zu führen; sie verändert die Atmosphäre zum Besseren.

4. Achtsamkeit erzeugt ==Vertrautheit==

Das, wonach wir am meisten hungern, ist nicht Nahrung, sondern Vertrautheit. Wenn es in unserem Leben an Intimität mangelt, dann fühlen wir uns von anderen Wesen getrennt, allein, verletzlich und in dieser Welt nicht geliebt.

Gewöhnlich erwarten wir, dass andere Menschen unser Bedürfnis nach Intimität befriedigen. Unsere Partner und Freunde können jedoch nicht immer so für uns da sein, wie wir es benötigen. Glücklicherweise ist uns stets eine sehr tief gehende Erfahrung von Vertrautheit zugänglich – alles, was es dazu braucht, ist, dass wir uns umdrehen und auf das Leben zugehen. Das verlangt einigen Mut. Wir müssen unsere Sinne bewusst öffnen und uns dessen bewusst werden, was sowohl innerhalb unseres Körpers und Herz-Geistes als auch draußen, in unserer Umgebung, passiert.

Achtsamkeit ist ein erstaunlich einfaches Werkzeug für jemanden, der bewusst werden möchte. Sie ist eine Übung, die uns hilft, aufzuwachen, präsent zu sein und das Leben in vollen Zügen zu genießen. Sie hilft uns, die Lücken in unserem Tagesablauf zu schließen, sodass wir nicht mehr so oft unbewusst werden und für große Teile unseres Lebens nicht gegenwärtig sind. Sie ist auch eine Übung, die uns helfen wird, die frustrierende Kluft zu schließen und das unsichtbare Schutzschild zu entfernen, die zwischen uns und anderen Menschen zu stehen scheinen.

5. Achtsamkeit beendet den Kampf und besiegt die Furcht

Achtsamkeit hilft uns, auch in Erfahrungen, die unangenehm sind, präsent zu bleiben. Gewöhnlich neigen wir dazu, die Welt und andere Menschen so arrangieren zu wollen, dass wir uns behaglich fühlen. Wir verwenden viel Energie auf den Versuch, die Temperatur in unserer Umgebung genau richtig zu machen, die Beleuchtung genau richtig, den Duft in unserer Wohnung genau richtig, den Geschmack unseres Essens genau richtig, unser Bett und unsere Sessel weich genug, die Farbe unserer Zimmerwände genau richtig, den Grund um unser Haus herum genau richtig und die Menschen um uns herum – unsere Kinder, unsere Partner, unsere Freunde, unsere Mitarbeiter und sogar unsere Haustiere – genau richtig.

Doch sosehr wir uns auch bemühen, die Dinge bleiben einfach nicht so, wie wir es gern hätten. Früher oder später bekommt unser Kind einen Wutanfall, brennt unser Abendessen an, fällt die Heizung aus oder werden wir krank. Sind wir in der Lage, präsent und offen zu bleiben und sogar Erfahrungen und Menschen willkommen zu heißen, die uns nicht angenehm sind, dann verlieren sie die Macht, uns zu ängstigen und die „Kampf-oder-Flucht"-Reaktion in uns auszulösen. Gelingt uns dies immer und immer wieder, dann haben wir eine erstaunliche Stärke erlangt, die in der Menschenwelt nur selten anzutreffen ist – nämlich die Fähigkeit, trotz sich ständig verändernder Bedingungen glücklich zu sein.

6. Achtsamkeit fördert unser spirituelles Leben

Die Hilfsmittel der Achtsamkeit sind eine Einladung, den vielen kleinen Aktivitäten des Lebens mit Aufmerksamkeit zu begegnen. Sie sind besonders für Menschen nützlich, die inmitten all der Ablenkungen des modernen Lebens Spiritualität kultivieren möchten. Der Zen-Meister Shunryu Suzuki Roshi sagte einmal: „Das Zen ist nichts besonders Aufregendes, sondern die Sammlung auf unsere gewöhnliche Alltagsroutine." Die Achtsamkeitsübung richtet unsere Aufmerksamkeit wieder auf diesen Körper, diese Zeit und diesen Ort. Und genau dort können wir mit der ewigen Präsenz, die wir das Göttliche nennen, in Berührung kommen. Wenn wir achtsam sind, dann wissen wir jeden Augenblick des einzigartigen Lebens, das uns gegeben wurde, zu schätzen. Achtsamkeit ist eine Weise, unsere Dankbarkeit für ein Geschenk, das wir niemals zurückzahlen können, zum Ausdruck zu bringen. Achtsamkeit kann zu einem fortlaufenden Gebet der Dankbarkeit werden.

Christliche Mystiker sprechen von einem „Leben unablässigen Gebets". Was mag das bedeuten? Wie könnte so etwas möglich sein, wo wir doch ständig eilig in dem rasenden Verkehr des modernen Lebens unterwegs sind und die Kurve kratzen, ohne genug Zeit zu finden, mit unserer Familie, geschweige denn mit Gott zu sprechen?

Wahres Gebet ist kein Bitten um etwas, sondern ein Lauschen. Tiefes Lauschen. Wenn wir ganz tief lauschen, bemerken wir, dass selbst das „Geräusch" unserer eigenen Gedanken störend, ja sogar lästig ist. Wenn wir von den Gedanken ablassen, treten wir in eine tiefere innere Stille und Empfänglichkeit ein. Ist es uns möglich, diese offene Stille in unserem Kern, ja *als* unseren Kern zu bewahren, dann lassen wir uns nicht mehr verwirren in dem Versuch, die unzähligen einander widersprechenden inneren Stimmen auf die Reihe zu bekommen und unter ihnen zu wählen. Unsere Aufmerksamkeit ist nicht mehr in das emotionale Dickicht in unserem Inneren verstrickt. Sie ist nach außen gerichtet. Wir suchen nach dem Göttlichen in allen Erscheinungen, hören auf das Göttliche in allen Klängen, werden in allen Berührungen vom Göttlichen gestreift. Wenn Dinge auf uns zukommen, reagieren wir angemessen und kehren dann dazu zurück, in der inneren Stille zu ruhen. Dies ist ein im Glauben gelebtes Leben, im Glauben an den Einen Geist, ein Leben des unablässigen Gebets.

Wenn wir Achtsamkeit nach und nach in unsere Routineaktivitäten einfließen lassen, dann erwachen wir zum Mysterium eines jeden Augenblicks, um das wir nicht wissen können, bis der Augenblick eintritt. Wenn die Dinge sich zeigen, sind wir bereit, sie anzunehmen und zu antworten. Wir sind empfänglich für das, was uns von Moment zu Moment von der Großen Gegenwart geschenkt wird. Es sind einfache Geschenke: die Wärme, die sich auf unsere Hände überträgt, während wir eine Schale Tee halten, Tausende von winzigen Liebkosungen durch die Kleidung auf unserer Haut, die komplexe Musik der Regentropfen und ein weiterer Atemzug. Wenn wir unsere volle Aufmerksamkeit auf die lebendige Wahrheit jedes einzelnen Augenblicks zu richten vermögen, dann durchschreiten wir das Tor zu einem Leben des unablässigen Gebets.

Missverständnisse über Achtsamkeit

Auch wenn sehr viel Reklame für Achtsamkeit gemacht wird, missverstehen die Leute sie oft. Zuerst einmal mögen sie fälschlicherweise annehmen, Achtsamkeit zu üben bedeute, angestrengt über etwas nachzudenken. Bei der Übung von Achtsamkeit benutzen wir das Denkvermögen des Geistes jedoch nur, um die Übung anzustoßen („Sei dir heute deiner Körperhaltung bewusst") und um uns daran zu erinnern, zu der Übung zurückzukehren, wenn unser Geist während des Tages unvermeidlich abschweift („Richte deine Aufmerksamkeit wieder auf deine Körperhaltung"). Haben wir jedoch begonnen, den Anweisungen des Geistes zu folgen und die Methode anzuwenden, können wir unsere Gedanken fahren lassen. Wenn der denkende Geist sich beruhigt, dann geht er über in offenes Gewahrsein. Dann sind wir im Körper verankert, wach und präsent.

Ein zweites Missverständnis besteht darin, zu glauben, achtsam zu sein bedeute, alles *ganz langsam* zu machen. Es geht hier nicht um die Geschwindigkeit, mit der wir Dinge tun. Wir können eine Aufgabe langsam erledigen und trotzdem unaufmerksam sein. Tatsächlich müssen wir dann, wenn wir schneller vorgehen, oft aufmerksamer werden, um Fehler zu vermeiden. Wenn Sie einige der Achtsamkeitswerkzeuge in diesem Buch anwenden wollen, kann es sein, dass Sie langsamer werden müssen – zum Beispiel wenn Sie achtsames Essen üben. Bei anderen Übungen werden Sie aufgefordert, kurzfristig langsamer zu werden, um Geist und Körper zusammenzuführen, bevor Sie sich Ihren regulären Aktivitäten widmen – wenn Sie zum Beispiel den Geist während dreier Atemzüge ruhen lassen. Andere Aufgaben kann man in jeder beliebigen Geschwindigkeit ausführen, zum Beispiel die Übung, bei der Sie auf die Fußsohlen achten, während Sie sitzen, gehen oder laufen.

Ein drittes häufiges Missverständnis besteht darin, Achtsamkeit für ein zeitlich begrenztes Übungsprogramm zu halten, wie etwa eine 30-minütige Sitzmeditation. Achtsamkeit ist in dem Maße für uns hilfreich, wie sie sich in allen Aktivitäten unseres Lebens ausbreitet und das Licht einer höheren Bewusstheit sowie Neugier und ein Gefühl der Entdeckungsfreude in die weltlichen Aktivitäten des Lebens hineinträgt – etwa in das morgendliche Aufstehen, das Zähneputzen, das Durchschreiten einer Tür, das Annehmen eines Anrufs oder das Zuhören.

Eine Gebrauchsanweisung für dieses Buch

Dieses Buch bietet Ihnen eine Vielzahl unterschiedlicher Methoden, Achtsamkeit in Ihr tägliches Leben zu bringen. Wir nennen sie „Achtsamkeitsübungen". Sie könnten diese auch als „Samen" der Achtsamkeit ansehen, Samen, mit denen Sie in den vielen Furchen und Winkeln Ihres Lebens Achtsamkeit pflanzen und aufziehen, wobei Sie zusehen können, wie sie jeden Tag wachsen und Früchte tragen.

Jede Übung besteht aus mehreren Abschnitten. Zuerst einmal wird die Aufgabe beschrieben und Sie bekommen einige Anregungen, auf welche Weise Sie sich selbst daran erinnern können, diese Übung während des Tages und über eine Woche auszuführen. Es folgt ein Abschnitt, der mit „Entdeckungen" überschrieben ist. Hierzu gehören die Beobachtungen der Übenden, Erkenntnisse oder Schwierigkeiten mit der Aufgabe sowie alle für diese Übung relevanten Forschungsergebnisse. In dem Abschnitt, den ich „Vertiefung" genannt habe, erkunde ich die Themen und umfassenderen Lehren, die mit der Übung in Zusammenhang stehen. Jede Übung ist wie ein Fenster, das uns einen Ausblick auf das gewährt, was ein erwachtes Leben sein könnte. Und schließlich gibt es da noch einige „Schlussworte", die die Übung zusammenfassen oder Sie dazu inspirieren, die Übungen weiter nachwirken zu lassen.

Eine mögliche Vorgehensweise wäre, jede Woche damit zu beginnen, dass Sie nur die Beschreibung der Aufgabe und die Gedächtnisstützen lesen. Blättern Sie nicht voraus, um zu sehen, wie es weitergeht! Bringen Sie die Erinnerungssätze oder -bilder an einer Stelle an, an der sie Ihnen während des Tages auffallen, sodass Sie an die Aufgabe erinnert werden. In der Wochenmitte könnten Sie dann den Abschnitt „Entdeckungen" dieser speziellen Übung lesen, um zu sehen, welche Erfahrungen und Einsichten andere Menschen aus dieser Übung gewonnen haben. Das könnte Ihre Herangehensweise verändern. Am Ende der Woche könnten Sie den Abschnitt der „Vertiefung" lesen, bevor Sie zu einer neuen Übung übergehen.

Vielleicht möchten Sie so vorgehen, wie wir es in unserem Kloster tun: Wir beginnen mit der ersten Achtsamkeitsübung und gehen die Übungen dann im Laufe des Jahres eine nach der anderen durch, wobei wir jede Übung eine Woche lang praktizieren. Sie könnten also jeden Montag mit einer neuen Aufgabe beginnen und sie am Sonntag abschließen, indem Sie den letzten Abschnitt lesen oder Ihre Erfahrungen in einem Tagebuch festhalten. Sie können aber auch in dem Buch herumblättern und nach einer speziellen Übung oder einem Thema suchen, das Ihren Lebensumständen in dieser Woche entspricht. Manchmal setzen wir dieselbe Achtsamkeitsübung auch für zwei oder drei Wochen fort, wenn sie uns weiterhin Einsichten beschert oder wir sie einfach besser beherrschen wollen.

Es macht Spaß, diese Übungen zusammen mit anderen zu praktizieren, wie wir das in unserem Kloster tun. Sie könnten eine Praxisgruppe für Achtsamkeit gründen, die jeweils eine Übung auswählt, die die Mitglieder eine oder zwei Wochen lang praktizieren, um sich beim nächsten Treffen über das auszutauschen, was sie gelernt haben. Bei unseren wöchentlichen Diskussionen gibt es immer viel Gelächter. Es ist wichtig, unser „Versagen" nicht zu ernst zu nehmen. Jeder hat andere Erfahrungen, Einsichten und komische Geschichten über seine Versuche – und seine Misserfolge – mit diesen Übungen beizusteuern.

Wir haben vor etwa zwanzig Jahren damit begonnen, jede Woche ein anderes Achtsamkeitswerkzeug zu unserer Übung zu benutzen. Die Idee stammte von einem Mann, der einmal in einer Gemeinschaft gelebt hat, die den Lehren des Mystikers Gurdjieff folgte. Er erklärte, dass es keine Rolle spiele, ob man die Aufgabe mit Erfolg bewältigt oder nicht. Manchmal kann man mehr daraus lernen, dass man die Übung *nicht praktiziert,* als wenn man sie ausführt, weil man sich dann genau ansehen muss, *warum* man sie nicht praktiziert hat. Was stand dahinter – Faulheit, alte Abneigungen oder einfach bloßes Abgelenktsein? Worum es geht, ist einfach, allmählich immer bewusster zu leben. Gurdjieff nannte dies „Selbst-Erinnerung". Im Buddhismus sprechen wir vom Erwachen zu unserem wahren Selbst. Dies bedeutet, zum Leben, wie es wirklich ist, zu erwachen, statt uns in von unserem Geist erzeugten Phantasien zu ergehen.

Gedächtnisstützen

Das Schwierigste an unseren wöchentlichen Achtsamkeitsübungen, so fanden wir heraus, war, an ihre Ausführung zu denken. Deshalb haben wir etliche Methoden entwickelt, uns im Laufe der Tage und Wochen daran zu erinnern. Oft hängen wir einen Zettel mit einem Wort oder ein kleines Bild an Plätzen in unserem Kloster auf, wo sie uns wahrscheinlich auffallen werden. Ich habe solche Gedächtnisstützen im Buch beschrieben – aber seien Sie bitte kreativ und erfinden Sie auch Ihre eigenen!

Notizen über Ihre Achtsamkeits-Praxis

Damit Sie so viel wie möglich von den Übungen profitieren, empfehle ich Ihnen, in einem Notizbuch festzuhalten, was Sie bei der Praxis der einzelnen Übungen erfahren und gelernt haben. Wenn Sie das Buch mit einer Gruppe durcharbeiten, können Sie Ihre Notizen als Erinnerung an Ihre Entdeckungen und Hindernisse zu den Diskussionssitzungen mitbringen. Das Notizbuch auf dem Schreibtisch oder dem

Nachttisch liegen zu haben, hilft zudem, sich daran zu erinnern, die Übung der Woche zu praktizieren.

Immer weitermachen

Haben Sie eines der Achtsamkeitswerkzeuge einmal eine Woche lang angewendet, dann werden Sie es, wie wir hoffen, nicht mehr vergessen und es wird zu einem Bestandteil Ihrer sich ständig ausweitenden Fähigkeit zur Achtsamkeit werden. Da wir Menschen sind, fallen wir jedoch oft wieder in alte Verhaltensweisen und Gewohnheitsmuster zurück. Aus diesem Grund wenden wir diese Achtsamkeitsübungen in unserem Kloster seit zwei Jahrzehnten immer wieder an und haben neue Übungen erfunden. Dies ist einer der wundervollsten Aspekte des Pfads der Achtsamkeit und des Erwachens: Er hat kein Ende!

1
Die nichtdominante Hand benutzen

DIE ÜBUNG: Benutzen Sie jeden Tag die nichtdominante Hand für einige gewöhnliche Verrichtungen, wie zum Beispiel das Zähneputzen oder das Haarekämmen, und essen Sie zumindest einen Teil jeder Mahlzeit mit der nichtdominanten Hand. Wenn Sie sich eine große Herausforderung wünschen, dann versuchen Sie, die nichtdominante Hand zum Schreiben oder zum Essen mit Essstäbchen zu benutzen.

Gedächtnisstützen

Eine Art und Weise, sich während des Tages an diese Aufgabe zu erinnern, besteht darin, sich ein Pflaster auf die dominante Hand zu kleben. Wenn es Ihnen auffällt, gehen Sie zur nichtdominanten Hand über und benutzen diese. Sie könnten auch einen kleinen Notizzettel an Ihren Badezimmerspiegel kleben, auf dem „Linke Hand" steht (wenn Sie Rechtshänder sind). Oder Sie kleben eine aus Papier ausgeschnittene Hand auf Ihren Spiegel, Eisschrank oder Schreibtisch – an einen Platz, wo sie Ihnen auffällt.

Eine andere Methode wäre, etwas am Griff Ihrer Zahnbürste zu befestigen, das Sie daran erinnert, sich die Zähne mit der nichtdominanten Hand zu putzen.

Entdeckungen

Dieses Experiment führt immer zu Gelächter. Wir entdecken, dass die nichtdominante Hand ziemlich ungeschickt ist. Sie zu benutzen, bringt uns zu dem zurück, was Zen-Lehrer den „Anfängergeist" nennen. Unsere dominante Hand ist vielleicht vierzig Jahre alt, aber unsere nichtdominante Hand ist viel jünger, vielleicht nur zwei oder drei. Wir müssen noch einmal lernen, wie man eine Gabel hält und wie wir sie zum Mund führen können, ohne uns selbst aufzuspießen.[1] Vielleicht beginnen wir uns die Zähne ungeschickt mit der linken Hand zu putzen, und wenn wir nicht aufpassen, greift die rechte Hand zu und nimmt der linken die Zahnbürste oder Gabel weg! Sie ist wie die rechthaberische ältere Schwester, die sagt: „Gib her, du Trampel. Ich mach das für dich!"

Wenn wir auf diese Weise darum ringen, die nichtdominante Hand zu benutzen, kann das unser Mitgefühl für Menschen wecken, die ungeschickt agieren, weil sie vielleicht eine Behinderung haben, verletzt sind oder einen Gehirnschlag erlitten haben. Auf einmal sehen wir, wie viele einfache Bewegungen wir für selbstverständlich halten, die andere Menschen nicht ausführen können. Essstäbchen mit der linken Hand zu benutzen, ist eine ernüchternde Erfahrung. Will man nicht mehr als eine Stunde zum Essen brauchen und den Tisch nicht total bekleckern, muss man dabei *sehr* aufmerksam sein.

Vertiefung

Diese Aufgabe zeigt uns, wie stark und wie unbewusst unsere Gewohnheiten sind und wie schwierig es ist, sie zu ändern, wenn man nicht sehr aufmerksam und entschlossen ist. Außerdem hilft sie uns, den Anfängergeist in sämtliche Aktivitäten – wie etwa das Essen – hineinzutragen, in Tätigkeiten, die wir mehrmals am Tag oft nur mit partieller Aufmerksamkeit ausführen.

Die nichtdominante Hand zu benutzen zeigt uns auch, wie ungeduldig wir sind. Die Übung kann uns helfen, flexibler zu werden und herauszufinden, dass wir nie zu alt sind, um noch etwas Neues zu

---

1 Das hört sich für den kultivierten Europäer, der als Kind gelernt hat, mit Messer *und* Gabel zu essen, etwas merkwürdig an. Aber die meisten Amerikaner schneiden das, was sie auf dem Teller haben, erst einmal klein und essen dann nur mit der Gabel in der dominanten Hand, wobei die andere Hand unter dem Tisch auf dem Oberschenkel liegt. Herr Knigge rotiert bei diesem Anblick im Grabe – aber so sind nun einmal kulturelle Unterschiede. [Anm. d. Übers.]

lernen. Üben wir oft, die nichtdominante Hand zu benutzen, dann können wir beobachten, wie unsere Geschicklichkeit mit der Zeit zunimmt. Ich übe jetzt seit mehreren Jahren, meine linke Hand zu benutzen, und vergesse inzwischen, welche Hand die „richtige" ist. Das könnte ganz praktische Vorteile haben. Sollte ich meine dominante Hand einmal nicht mehr benutzen können, wie es einigen meiner Verwandten nach einem Schlaganfall ergangen ist, dann wäre ich nicht hilflos. Entwickeln wir eine neue Fertigkeit, dann fällt uns auf, dass noch viele andere Fähigkeiten in uns schlummern. Diese Einsicht kann unsere Zuversicht stärken, dass wir uns mit einiger Übung in vieler Hinsicht selbst wandeln können, sodass wir größere Flexibilität und Freiheit für unser Leben gewinnen. Sind wir bereit, uns Mühe zu geben, dann können wir die Fertigkeiten aktivieren, die aus unserer natürlichen inneren Weisheit entspringen, und können sie in unserem täglichen Leben anwenden.

Der Zen-Meister Suzuki Roshi sagte: „Im Geist des Anfängers gibt es viele Möglichkeiten, doch im Geist des Experten nur wenige." Achtsamkeit ermöglicht es uns, zu den grenzenlosen Möglichkeiten zurückzukehren, die immer aus dem großen Mutterschoß des gegenwärtigen Augenblicks hervortreten.

SCHLUSSWORTE: Entfalten Sie in allen Situationen den Anfängergeist, um neue Möglichkeiten in Ihr Leben zu bringen.

2
Keine Spuren hinterlassen

DIE ÜBUNG: Wählen Sie ein Zimmer Ihres Hauses oder Ihrer Wohnung aus und versuchen Sie eine Woche lang, dort keine Spur davon zu hinterlassen, dass Sie diesen Raum benutzt haben. Für die meisten Menschen funktioniert das am besten mit dem Badezimmer oder der Küche. Wenn Sie etwas in diesem Raum getan haben, also etwa eine Mahlzeit zubereitet oder geduscht haben, dann räumen Sie alles so auf, dass nichts mehr darauf hinweist, dass Sie dort tätig waren – außer vielleicht der Geruch des Essens oder der Duft der Seife.

Gedächtnisstützen

Hängen Sie in dem ausgewählten Zimmer ein Schild auf, auf dem steht: „Keine Spuren hinterlassen!"

In Zen-Gemälden steht die Schildkröte für die Praxis, keine Spuren zu hinterlassen, weil sie ihre Fußspuren im Sand mit dem Schwanz wieder auswischt, während sie vorankrabbelt. Statt ein Schild zu schreiben, könnten Sie auch das Bild einer Schildkröte als Erinnerungsstütze verwenden.

Entdeckungen

Wir lassen einen Raum oft unordentlicher zurück, als er bei unserem Eintreten war. Wir denken: „Ich kann ja später aufräumen." Aber dieses „Später" kommt dann einfach nicht, bis die Unordnung unerträglich geworden ist und uns so sehr stört, dass wir beginnen, gründlich aufzuräumen. Oder wir sind verärgert über jemand anderen, der seinen Teil der Hausarbeit nicht erledigt. Wie viel leichter ist alles, wenn wir uns sofort um die Dinge kümmern. Dann müssen wir uns gar nicht erst über die zunehmende Unordnung aufregen.

Diese Übung hilft, uns der Neigung bewusst zu werden, uns von der Erledigung bestimmter Dinge abzuwenden, auch wenn es kleine Dinge sind, um die wir uns im Laufe des Tages kümmern *könnten*, wozu wir aber irgendwie nicht motiviert sind. Wir *könnten* den Müll auf dem Bürgersteig aufheben, wenn wir daran vorbeigehen; wir *könnten* das Papiertaschentuch aufheben, das im Badezimmer neben dem Abfalleimer gelandet ist. Wir *könnten* die Kissen auf der Couch wieder glatt streichen, nachdem wir aufgestanden sind; wir *könnten* unsere Kaffeetasse ausspülen, statt sie einfach nur in die Spüle zu stellen. Und wir *könnten* unsere Werkzeuge wegräumen, auch wenn wir sie morgen wieder verwenden möchten.

Eine Übende hat beobachtet, dass sich die Achtsamkeit dann, wenn man in einem Raum keine Spuren zurücklässt, in andere Bereiche ausbreitet. Dass sie ihre schmutzigen Teller sofort nach dem Essen abwusch, führte dazu, dass sie ihr Bett gleich nach dem Aufstehen machte, und dann dazu, dass sie gleich nach dem Duschen die Haare aus dem Sieb über dem Abfluss entfernte. Anfangs müssen wir etwas Energie aufbringen, aber danach scheint diese Energie noch mehr Energie zu erzeugen.

Vertiefung

Diese Übung bringt unsere Neigung zur Faulheit ans Licht. Das Wort „Faulheit" ist eine Beschreibung, keine Kritik. Wenn wir nicht mit vollem Engagement leben, lassen wir oft eine Unordnung zurück, die andere dann aufräumen können. Es ist so leicht, zwar das Geschirr zu spülen, es dann aber nicht in den Schrank zurückzustellen. Es ist so leicht, die Meditation ausfallen zu lassen, wenn unser Leben hektisch wird.

Diese Übung lenkt unsere Aufmerksamkeit auch wieder auf die vielen kleinen Dinge, die den ganzen Tag lang unser Leben und unsere Arbeit unterstützen – die Gabeln und die Löffel, mit denen wir essen, die Kleidung, die uns warm hält, die Zimmer, die uns Unterschlupf gewähren. Wenn wir unsere Dinge mit Achtsamkeit waschen, trocknen, ausfegen, zusammenfalten und wegräumen, dann wird das zu einem Ausdruck unserer Dankbarkeit für ihren stillen Dienst.

Der Zen-Meister Dogen schrieb spezielle Anweisungen für den Koch in seinem Kloster: „Reinige die Essstäbchen, Kellen und alle anderen Utensilien. Behandle sie alle mit gleicher Sorgfalt und Aufmerksamkeit und lege alles dorthin zurück, wo es auf natürliche Weise hingehört." Es hat etwas sehr Befriedigendes, Dinge, die schmutzig sind, zu waschen und Dinge in Ordnung zu bringen. Es ist ebenso befriedigend, alles, was uns dient, mit Sorgfalt zu behandeln, sei es nun ein Plastikteller oder feinstes Porzellan. Unser Geist fühlt sich „sauberer" und unser Leben fühlt sich weniger kompliziert an, wenn wir den Raum und die Dinge um uns herum aufgeräumt haben. Eine Freundin erzählte mir, wie sie kiloweise alte Kleidungsstücke, längst abgelaufene Medikamente und allen möglichen Müll aus dem Haus einer älteren Tante ausmistete. „Zuerst schien ihr das gar nicht recht zu sein, aber dann entspannte sie sich, und mit jedem Müllsack, den wir hinaustrugen, schien sie jünger zu werden."

Dieses Gefühl der Befriedigung, das wir daraus gewinnen, keine Spuren zu hinterlassen, scheint unseren tiefen Wunsch widerzuspiegeln, die Welt zumindest nicht schlechter zurückzulassen, als wir sie vorgefunden haben – wenn irgend möglich sogar ein wenig besser. Die einzigen Spuren, die wir im Idealfall hinterlassen, verraten, wie wir andere Menschen geliebt, inspiriert, gelehrt und ihnen gedient haben. Dies wird die größte positive Wirkung auf Menschen in der Zukunft haben.

Schlussworte: Üben Sie zuerst, keine Spuren zu hinterlassen. Üben Sie dann, die Dinge besser zurückzulassen, als Sie sie vorgefunden haben.

3
Füllwörter

DIE ÜBUNG: Werden Sie sich der „Füllwörter" und „Füllsätze", die Sie verwenden, bewusst und versuchen Sie, diese aus Ihrer Rede zu entfernen. Füllwörter sind Wörter, die nichts Sinnvolles zu dem hinzufügen, was Sie sagen, wie etwa „ähh", „also", „na ja", „irgendwie", „gewissermaßen" und so weiter. Von Zeit zu Zeit nehmen Sie neue Füllwörter in Ihr Vokabular auf. Zu den neuen Wörtern könnten „im Grunde" und „jedenfalls" gehören.

Über das Vermeiden von Füllwörtern hinaus könnten Sie darauf achten, warum Sie diese gewöhnlich verwenden – in welchen Situationen und zu welchem Zweck.

Gedächtnisstützen

Anfangs ist es unheimlich schwierig, selbst zu bemerken, wann man Füllwörter benutzt. Sie werden sehr wahrscheinlich Freunde oder Familienmitglieder um Hilfe bitten müssen. Kinder werden ihre Eltern mit Wonne beim Benutzen von Füllwörtern erwischen und sie korrigieren. Bitten Sie sie, die Hand zu heben, wenn sie hören, wie Sie ein Füllwort benutzen. Anfangs werden die Hände mit quälender Häufigkeit emporschnellen. Außerdem ist die Gewohnheit, Füllwörter zu benutzen, so unbewusst, dass Sie wahrscheinlich oft nachfragen müssen, welches Füllwort Sie gerade ausgesprochen haben.

Eine andere Methode, auf die Füllwörter, die Sie benutzen, und auf deren Häufigkeit aufmerksam zu werden, besteht darin, sich selbst beim Reden aufzunehmen. Bitten Sie einen Mitbewohner, einen Ehepartner oder eines Ihrer Kinder, Sie während einer Unterhaltung oder während eines Telefongesprächs mit dem Handy oder der Videokamera aufzunehmen. Hören Sie sich das Ergebnis anschließend an, machen Sie eine Liste der Füllwörter und zählen Sie deren Häufigkeit.

Entdeckungen

In unserem Kloster erwies sich diese Achtsamkeitsübung als eine der herausforderndsten, die wir praktizieren. Es ist frustrierend schwierig, die eigenen Füllwörter zu hören und sie einzufangen, noch bevor wir sie ausgesprochen haben – wenn man nicht gerade ein geschulter Redner ist. In den Klubs der Toastmaster [Gruppen, die das Vortragen in der Öffentlichkeit trainieren] fällt einigen Mitgliedern die Aufgabe zu, während eines Vortrags die Füllwörter zu notieren, um den anderen so zu helfen, effektivere Redner zu werden. Hat man erst einmal begonnen, auf Füllwörter zu achten, dann hört man sie überall – im Radio, im Fernsehen und bei alltäglichen Unterhaltungen. Man hat geschätzt, dass ein typischer amerikanischer Teenager das Füllwort „*like*" [entspricht dem Deutschen „irgendwie"] etwa 200.000 Mal pro Jahr benutzt! Ihnen wird auch auffallen, welche Redner keine Füllwörter benutzen, und Ihnen wird bewusst werden, dass der Verzicht auf Füllwörter eine Rede effektiver und eindrücklicher macht. Hören Sie sich zum Beispiel die Reden von Martin Luther King, dem Dalai Lama oder Präsident Barack Obama an und achten Sie dabei auf Füllwörter.

Füllwörter scheinen mehrere Funktionen zu haben. Sie sind einerseits Platzhalter, die dem Zuhörer vermitteln, dass Sie anfangen werden zu reden oder dass Sie noch nicht mit dem Reden aufgehört haben. „Also ... ich habe ihm gesagt, nicht wahr, was ich von seiner Idee halte, und dann, ähh, habe ich gesagt, nun ja, jedenfalls ..." Füllwörter dienen auch dazu, das, was wir sagen, abzumildern, es weniger definitiv oder selbstbewusst klingen zu lassen. „Na ja, ich denke, wir sollten im Grunde doch vielleicht mit dem Projekt loslegen." Befürchten wir, eine Reaktion hervorzurufen, die besagt, dass wir nicht recht haben? Wir wünschen uns sicher keinen Arzt oder kein Staatsoberhaupt, das so wischiwaschi daherredet. Füllwörter können die Zuhörer enorm irritieren, wenn sie den Sinn der Aussage dermaßen verwässern, dass sie sich lächerlich anhört. „Also Jesus, ähh, hat ja doch wohl gesagt, nicht wahr: Liebe, im Grunde, also deinen Nächsten, nun ja, sozusagen genauso wie gewissermaßen dich selbst."

Vertiefung

Der Gebrauch von Füllwörtern ist erst während der vergangenen 50 Jahre üblich geworden. Liegt das daran, dass man in der Schule weniger Wert auf präzisen Ausdruck, Redegewandtheit und Rhetorik legt? Oder haben wir uns in der heutigen postmodernen, multikulturellen Gesellschaft, in der die Wahrheit oft als relativ gilt, bewusst angewöhnt, auf weniger eindeutige Weise zu reden? Befürchten wir, etwas zu sagen, das nicht politisch korrekt ist oder eine Reaktion unserer Zuhörerschaft auslösen könnte? Versinken wir im Sumpf des moralischen Relativismus? Wenn sich dieser Trend fortsetzt, dann werden wir eines Tages sagen: „Stehlen ist, na ja, also mehr oder weniger nicht ganz richtig."

Wenn unser Geist klar ist, dann können wir geradeheraus reden und dabei präzise sein, ohne andere zu beleidigen.

Diese Achtsamkeitsübung zeigt, wie tief unbewusstes Verhalten in unserem Geist verwurzelt ist und wie schwierig es ist, es zu verhindern. Unbewusste Gewohnheiten, wie etwa der Gebrauch von Füllwörtern, sind genau das – unbewusst. Solange sie unbewusst bleiben, ist es unmöglich, etwas daran zu ändern. Nur wenn wir ein Verhaltensmuster ins Licht der Bewusstheit rücken, entsteht etwas Raum, um daran zu arbeiten, es zu durchbrechen. Selbst dann ist es noch schwierig genug, ein Verhalten zu ändern, das uns in Fleisch und Blut übergegangen ist. Sobald wir aufhören, aktiv daran zu arbeiten, die unerwünschte Gewohnheit zu verhindern, kehrt sie sehr schnell wieder. Wollen wir uns selbst ändern und unser Potenzial verwirklichen, verlangt das Freundlichkeit, Entschlossenheit und ausdauernde sowie fortlaufende Praxis.

SCHLUSSWORTE: „Bis ihr den Mund aufmacht, halte ich euch alle für erleuchtet." – Zen-Meister Suzuki Roshi

---

4
Die eigenen Hände wahrnehmen

DIE ÜBUNG: Beobachten Sie mehrmals am Tag Ihre Hände, als gehörten sie einem Fremden. Betrachten Sie sie sowohl in Aktion als auch im Ruhezustand.

Gedächtnisstützen

Schreiben Sie die Wörter „Sieh her!" auf Ihren Handrücken.

Macht Ihre Arbeit das nicht möglich, dann tragen Sie einen Ring, den Sie gewöhnlich nicht tragen. (Ist es Ihnen nicht erlaubt, Ringe zu tragen, etwa weil Sie in einem Operationssaal arbeiten, dann können Sie die Zeit des Händewaschens benutzen, um Ihre Hände anzusehen, als gehörten sie zu einem Fremden.)

Wenn Sie üblicherweise keinen Nagellack tragen, könnten Sie sich selbst daran erinnern, Ihre Hände zu betrachten, indem Sie eine Woche lang Nagellack tragen. Lackieren Sie gewöhnlich Ihre Nägel, dann könnten Sie eine ungewöhnliche Farbe wählen.

Entdeckungen

Unsere Hände sind sehr geschickt darin, alle möglichen Aufgaben zu erledigen, und viele von diesen Dingen können sie ganz allein tun, ohne von unserem Geist sonderlich gelenkt zu werden. Es macht Spaß, sie bei ihrer Arbeit zu beobachten, so als führten sie geschäftig ihr eigenes Leben. Hände sind zu erstaunlich vielen Dingen fähig! Beide Hände können zusammenarbeiten oder zur gleichen Zeit Verschiedenes tun.

Beim Praktizieren dieser Übung fällt uns auf, dass jede Person charakteristische Handgesten besitzt. Wenn wir reden, fuchteln unsere Hände fast von selbst herum. Uns fällt auf, dass unsere Hände sich mit der Zeit verändern. Betrachten Sie Ihre Hände und stellen Sie sie sich so vor, wie sie aussahen, als Sie noch ein Baby waren. Stellen Sie sich anschließend vor, sie würden langsam älter, bis sie den gegenwärtigen Zustand erreicht haben. Danach stellen Sie sich vor, wie sie altern und dann, wenn Sie sterben, leblos werden und wieder zu Staub zerfallen.

Selbst während wir schlafen, sorgen unsere Hände für uns: Sie ziehen die Bettdecke herauf, halten den Menschen fest, der neben uns liegt, oder stellen den Wecker ab.

Vertiefung

Wir werden die ganze Zeit umsorgt. Einige Zen-Lehrer sagen, die Art und Weise, wie sich unser Körper um uns kümmere, ohne dass wir uns dessen bewusst wären, sei ein Beispiel für das wunderbare und durchgängige Funktionieren unseres Wahren Wesens, des uns innewohnenden Gutseins und der Weisheit unseres Daseins. Unsere Hand zieht sich vom Feuer zurück, noch ehe wir die Hitze wahrnehmen, unsere Augen blinzeln, noch bevor wir einen scharfen Knall hören, unsere Hände greifen zu und fangen etwas auf, noch bevor uns bewusst wird, dass es herunterfällt. Die rechte und die linke Hand arbeiten zusammen, wobei jede ihre Hälfte der Aufgabe erledigt. Wenn wir Geschirr abtrocknen, hält eine Hand den Teller und die andere das Handtuch. Wenn wir mit einem Messer schneiden, hält eine Hand das Gemüse, während die andere Hand schneidet. Und sie kooperieren beim Händewaschen.

Es gibt ein Koan (eine Zen-Geschichte als Herausforderung für die Meditation) über den Bodhisattva des Mitgefühls, der auf Japanisch Kanzeon und auf Chinesisch Kuanyin genannt wird. Diese in China und in Japan weibliche Figur wird oft mit tausend Augen dargestellt, die alle Menschen sehen, die der Hilfe bedürfen, sowie mit tausend Händen, die alle ein anderes Werkzeug halten, um diese Hilfe ausführen zu können. Manchmal befindet sich sogar in jeder der Handflächen noch ein Auge. Die Zen-Geschichte geht folgendermaßen:

Eines Tages fragte der Zen-Mönch Ungan den Zen-Meister Dogo: „Wie benutzt der Bodhisattva Kanzeon all die vielen Hände und Augen?"

Dogo antwortete: „Es ist wie bei einem Menschen, der mitten in der Nacht hinter seinem Kopf das Kissen greift."

Einer meiner Schüler ist Gitarrist, und er kam mit dieser Geschichte zu einer Einsicht. Wenn seine Hände in einem Bereich der Gitarre aktiv waren, die er nicht sehen konnte, dann hatten sie, wie ihm klar wurde, „Augen". Sie konnten die Fläche, die sie bearbeiteten, ganz genau sehen, selbst wenn es dunkel war. Sein inneres Auge und seine Hand arbeiteten wunderbar zusammen, so, wie ein Schlafender sein Kissen „sieht" und seine Hände von selbst danach greifen, um es unter seinen Kopf zu ziehen. Im Zen sagen wir, dies zeige, auf welche Weise die uns angeborene Weisheit und das uns innewohnende Mitgefühl zusammenarbeiten, wenn unser Verstand nicht im Weg ist.

Wenn wir deutlich sehen, dass alles Existierende eins ist, dann wird uns klar, dass alle Dinge zusammenarbeiten, so wie die Hände und Augen. Und ebenso wie unsere Hände unsere Augen nicht verletzen würden, ist es ganz natürlich für unsere Natur, uns selbst oder andere Menschen nicht zu verletzen.

SCHLUSSWORTE: Zwei Hände arbeiten mühelos zusammen, um viele wundervolle Dinge zu vollbringen, und sie schaden einander niemals. Könnte dies auch für jegliches Paar von Menschenwesen wahr werden?

5
Beim Essen nur essen

Die Übung: Tun Sie in dieser Woche während des Essens oder Trinkens nichts anderes. Setzen Sie sich hin und nehmen Sie sich die Zeit, das zu genießen, was Sie zu sich nehmen. Öffnen Sie beim Essen oder Trinken alle Sinne. Betrachten Sie die Farben, Formen und Oberflächenbeschaffenheiten. Achten Sie auf die Gerüche und auf die Geschmäcker in Ihrem Mund. Hören Sie auf das Geräusch des Essens und Trinkens.

Gedächtnisstützen

Legen Sie auf den Tisch, an dem Sie Ihre Mahlzeiten zu sich nehmen, einen Zettel mit dem Hinweis: „Nur essen!" Hängen Sie eine solche Notiz auch überall dort auf, wo Sie zwischendurch etwas essen.

Heften Sie solche Notizen auch an Objekte, die Sie oft ablenken, während Sie essen. Kleben Sie zum Beispiel an Ihren Fernsehbildschirm oder Ihren Computer das rot durchgestrichene Wort „Essen", um sich daran zu erinnern, nicht zu essen, während Sie diese Geräte benutzen.

Entdeckungen

Diese Aufgabe ist für viele Menschen nicht leicht. Wenn Sie gerade viel zu tun haben und unterwegs gern einen Schluck aus Ihrem Kaffeebecher nehmen würden, dann müssen Sie innehalten, sich einen Sitzplatz suchen und das Getränk genießen. Wenn Sie am Computer arbeiten, dann müssen Sie beide Hände von der Tastatur nehmen und die Augen vom Bildschirm abwenden, um Ihren Kaffee zu genießen.

Das Essen ist zu einem Bestandteil unserer heutigen Gewohnheit des ständigen Multitasking geworden. Bei dieser Übung entdecken wir erneut, wie viele andere Dinge wir tun, während wir essen. Wir essen, während wir gehen, während wir Auto fahren, im Kino oder beim Fernsehen, während wir am Computer arbeiten, Videospiele spielen oder Musik hören.

Haben wir diese offensichtlichen Aktivitäten erst einmal ausgeschaltet, dann kommen wir zu einem unterschwelligeren Aspekt der Unaufmerksamkeit – zum Reden während des Essens. Unsere Eltern haben vielleicht geschimpft, wenn wir mit vollem Mund gesprochen haben, aber wie sich zeigt, essen und reden wir immer noch gleichzeitig. Bei dieser Übung lernen wir, zwischen dem Essen und dem Reden abzuwechseln. Mit anderen Worten: Wenn Sie reden wollen, hören Sie auf zu essen. Tun Sie nicht beides gleichzeitig.

Es ist so üblich, beim Essen soziale Kontakte zu pflegen, dass Sie sich vielleicht seltsam vorkommen, wenn Sie allein in einem Restaurant essen, ohne dabei zu reden oder sich anderweitig abzulenken. Möglicherweise stellen Sie sich vor, dass die anderen Menschen denken: „Die Arme, sie hat keine Freunde." Sie nehmen ein Buch in die Hand oder öffnen Ihren Computer, um zu zeigen, dass Sie produktiv sind und keine Zeit „damit verschwenden", *nur* zu essen. Ein Problem dieser Art des unbewussten Essens ist, dass Sie schnell mehr als genug essen, was sich dann auf Ihrer Taille niederschlägt.

In Japan und in Teilen Europas gilt es als unmanierlich, im Gehen zu essen und zu trinken. Das Einzige, was man in Japan im Stehen oder Gehen zu sich nehmen darf, ist ein Eis, weil es schmelzen könnte. Dort starren die Leute den barbarischen Ausländer an, der sich Fast Food kauft und kauend die Straße entlanggeht. Selbst Fast Food nimmt man dort mit nach Hause, richtet es appetitlich an und serviert es an einem Tisch. Bei den Mahlzeiten schaltet man einen Gang zurück und genießt wirklich das Essen, das Trinken und die Gesellschaft.

Vertiefung

Warum fühlen wir uns verpflichtet, mehrere Dinge zugleich zu tun und keine Zeit damit zu verschwenden, dass wir „nur" essen? Es sieht so aus, als machten wir unser Selbstwertgefühl davon abhängig, wie viele Dinge wir an einem Tag produzieren und wie viele Punkte wir von unserer langen Aufgabenliste abhaken können. Essen und Trinken sind Aktivitäten, mit denen wir weder Geld noch einen Partner noch einen Nobelpreis bekommen können. Deshalb beginnen wir zu glauben, sie hätten keinen Wert. Auf Workshops zum achtsamen Essen sagen viele Menschen: „Na ja, ich bringe es einfach hinter mich, sodass ich mit meiner Arbeit weitermachen kann." Was wäre, wenn die wichtigste Arbeit, die wir jeden Tag erledigen können, darin bestünde, wirklich präsent zu sein – und sei es nur für 30 Minuten? Was, wenn das wichtigste Geschenk, das wir der Welt machen können, nicht aus irgendeinem Produkt oder einem Gegenwert bestünde, sondern aus unserer *Gegenwart?*

Wenn wir nicht aufmerksam sind, ist es, als gäbe es das Essen gar nicht. Wir können unseren Teller leeren und uns trotzdem noch unzufrieden fühlen. Dann essen wir weiter und hören erst auf, wenn wir übervoll sind und uns nicht mehr wohlfühlen. Essen wir mit achtsamer Aufmerksamkeit, dann wird sogar die Erfahrung eines einzigen Happens zu etwas sehr Befriedigendem und Reichhaltigem. Dann können wir essen, bis wir uns innerlich befriedigt fühlen, statt immer weiter zu essen, bis wir „voll" sind.

Der Zen-Mönch Thich Nhat Hanh schreibt:

> Es gibt Menschen, die essen eine Orange, ohne sie wirklich zu essen. Sie essen vielmehr ihre Sorgen, ihre Ängste und ihren Zorn, ihre Vergangenheit und ihre Zukunft. Sie sind nicht wirklich mit vereintem Körper und Geist präsent. Sie brauchen etwas Übung, sich einfach nur [an ihrem Essen] zu freuen. Es wurde vom gesamten Kosmos nur für unsere Ernährung zur Verfügung gestellt ... das ist ein Wunder.

SCHLUSSWORTE: Wenn Sie essen, essen Sie einfach nur. Wenn Sie trinken, trinken Sie einfach nur. Achtsamkeit ist die beste Würze – für Ihr Essen und für Ihr gesamtes Leben. Freuen Sie sich an jedem Bissen, an jedem Augenblick!

6
Wahre Komplimente

Die Übung: Denken Sie einmal am Tag an jemanden, der Ihnen nahesteht – ein Familienmitglied, eine Freundin, einen Kollegen –, und machen Sie ihr oder ihm ein echtes Kompliment. Je näher Ihnen diese Person steht, wie etwa ein Kind oder ein Elternteil, desto besser. (Es zählt nicht, wenn Sie einer Fremden auf dem Postamt sagen, dass Ihnen ihr Schal gefällt.) Je spezifischer das Kompliment ist, desto besser. „Es gefällt mir, wie du Anrufe mit einer solchen Fröhlichkeit entgegennimmst."

Werden Sie sich solcher Komplimente bewusst, die andere Ihnen machen. Erkunden Sie den Zweck von Komplimenten und die Wirkung, die es auf Sie hat, wenn Sie ein Kompliment erhalten.

Gedächtnisstützen

Befestigen Sie eine Notiz mit den Worten „Lob" oder „Kompliment" an Stellen, an denen sie Ihnen im Laufe des Tages auffällt.

Entdeckungen

Manche Menschen haben mir berichtet, sie hätten sich zuerst gegen diese Übung gesträubt, weil sie fürchteten, ihre Komplimente wären nicht echt. Allerdings entdeckten sie bald viele Dinge, für die sie dankbar sein konnten, sodass sie die Übung doch praktizieren konnten. Als sie sich dieser Aufgabe widmeten, wurde manchen Menschen bewusst, dass sie gewohnheitsmäßig eine kritische Einstellung haben und nur auf Probleme achten und diese kommentieren. Die Übung half ihnen, diese Geisteshaltung zu erkennen und umzukehren.

Andere bemerkten, dass Personen, denen sie ein Kompliment machten, dieses oft zurückwiesen. „Ach nein, ich glaube mein Kuchen ist diesmal nicht so gut geworden." Ein Kompliment zu erhalten, erzeugt Verletzlichkeit. Manche Menschen sind möglicherweise in ihrer Jugend in Hinsicht auf Komplimente vorsichtig geworden, weil sie sich nicht sicher waren, ob ein Kompliment ernst gemeint war oder ob sich jemand über sie lustig machen wollte. Vielleicht haben sie dann ebenfalls angefangen, auf scherzhafte Weise Komplimente zu machen oder ein Kompliment zurückzuweisen, als sei es nur ein Scherz, um sich vor einer möglichen Beschämung zu schützen. Jemand erzählte mir, seine Eltern hätten ihm beigebracht, wie man Komplimente entgegennimmt. Sie rieten ihm: „Sag einfach Danke. Das ist alles, was der andere erwartet."

Ein anderer Mann beschrieb, wie er die Kunst, Komplimente zu machen, ganz bewusst einstudiert hatte, weil er in einer Familie mit Alkoholproblemen aufgewachsen war, in der er immer nur ein negatives Feedback erhalten hatte. Seiner Meinung nach macht das Geben von Komplimenten „die Dinge leichter und verändert die Energie hin zum Positiven". Er hatte auch erfahren, dass seine Kinder, seine Ehefrau und seine Angestellten aufzublühen schienen, wenn er ihnen echte Komplimente machte.

Es gibt kulturelle Unterschiede in der Art und Weise, wie Komplimente aufgenommen werden. Bei Studien in China und Japan hat sich gezeigt, dass 95 Prozent der Reaktionen auf Komplimente darin bestanden, das Lob zu leugnen oder ihm auszuweichen. In Asien ist es normal, ein Kompliment abzutun oder ihm auszuweichen, weil es so aussehen könnte, als mangele es einem an Demut, wenn man es annimmt. Ein Mann würde seiner Ehefrau niemals vor anderen Menschen ein Kompliment machen, damit es nicht so aussieht, als wolle er angeben.

Die Gewaltfreie Kommunikation, eine Methode effektiver Konfliktlösung, lehrt, dass Komplimente wie „Du bist so [Adjektiv] …" etwas Trennendes haben. Es wird empfohlen, ein Kompliment auf etwas aufzubauen, das einen selbst berührt hat, weil Komplimente dieser Art ein Gefühl der Verbundenheit und Intimität fördern. „Ich finde es toll, dass du dir die Zeit genommen hast, für dieses Treffen extra einen Kuchen zu backen. Vielen Dank."

Diese Achtsamkeitsübung hilft uns, uns der Funktion und der Häufigkeit von Komplimenten in den Beziehungen zu anderen bewusst zu werden. Manche Komplimente scheinen echt zu sein, während andere offenbar darauf abzielen, etwas zurückzuerhalten. Wenn wir jemanden gerade erst kennengelernt haben oder wenn wir jemanden umwerben, dann werden mehr Komplimente ausgetauscht. Später neigen wir dazu, die Menschen, die uns nahestehen, als selbstverständlich anzusehen, und wir hören auf, ihnen gegenüber Lob, Dankbarkeit oder Wertschätzung zum Ausdruck zu bringen.

Vertiefung

Der Zen-Meister Dogen schrieb: „Ihr solltet wissen, dass freundliche Rede einem freundlichen Geist entspringt und dass ein freundlicher Geist aus dem Samen des mitfühlenden Geistes hervorgeht. Ihr solltet die Tatsache bedenken, dass freundliche Rede nicht nur bedeutet, das Verdienst anderer zu loben; sie hat vielmehr die Macht, das Schicksal einer ganzen Nation zu wenden."

In den buddhistischen Lehren werden drei Gestimmtheiten beschrieben, die wir als Reaktion auf andere Menschen, auf Dinge oder auf Ereignisse erfahren: positiv (ein Gefühl von Glück), negativ (ein Gefühl der Gereiztheit) und neutral (keine positiven oder negativen Gefühle). Wenn wir positive Gefühle für jemanden hegen, dann ist es wahrscheinlicher, dass wir ihm gegenüber eine positive Gestimmtheit ausstrahlen und ihm Komplimente machen. So haben wir zum Beispiel den ganz natürlichen Impuls, jemandem Komplimente zu machen, den wir umwerben, oder auch einem niedlichen Kleinkind, das noch nicht zu einem störrischen Hosenmatz geworden ist.

Bei Menschen, die zum „Inventar" unseres Lebens gehören, vergessen wir, darauf zu achten, was sie tun, und es kommt uns nicht in den Sinn, ihnen Komplimente zu machen. Vielmehr kommentieren wir möglicherweise nur das Negative – Dinge, von denen wir meinen, sie müssten sich ändern. Ohne dass es unsere Absicht ist, kann dies allmählich eine negative Gestimmtheit in die gesamte Beziehung bringen. Bewusst darauf zu achten, was eine Person gut macht, und ihr echte Komplimente zu schenken, kann einer Beziehung neue Wärme, Vertrautheit und Empfänglichkeit verleihen.

Persönliche Komplimente über vergängliche oder von äußeren Umständen abhängige Eigenschaften, wie etwa Schönheit, sind uns oft ein wenig unangenehm. Warum ist das so? Weil wir intuitiv wissen, dass bestimmte Eigenschaften – wie körperliche Schönheit – auf die Gene zurückgehen, die wir glücklicherweise geerbt haben, oder auf geltende kulturelle Normen. Wir haben unser hübsches Gesicht nicht selbst geformt. Es ist ein vergängliches Geschenk. Wir wissen, dass es sich im Laufe der Zeit in etwas verwandeln wird, das ein Doppelkinn und viele Falten hat. Ein Jahr könnte genügen, es so zu verändern, dass man es nun als „hässlich" bezeichnen würde. Einige Jahre lang sind glatte Haare angesagt und junge Frauen verbringen Stunden damit, ihr lockiges Haar zu glätten. Dann kommen wieder Locken in Mode. Das Meiste, wofür wir Komplimente erhalten, ist vergänglich – eine schlanke Figur, sportliche Leistungen, selbst unsere Intelligenz. Selten handelt es sich um Eigenschaften, die wir uns tatsächlich verdient haben. Darum basieren die besten Komplimente auf der Wertschätzung eines Gefühls, das eine Person uns vermittelt hat.

Unter den vergänglichen Eigenschaften, die uns Komplimente eintragen, liegt unser Wahres Wesen. Im Buddhismus wird es als unsere Buddha-Natur, in anderen Religionen als unsere göttliche Natur bezeichnet. Dies ist unsere Essenz. Sie basiert nicht auf Gefühlen, körperlichen Eigenschaften oder irgendeiner Art von Vergleich. Man kann sie nicht durch Komplimente aufblähen oder durch Kritik kleiner machen. Es gibt nichts, was man ihr hinzufügen und nichts, was man ihr wegnehmen könnte. Ganz gleich, was Sie richtig oder falsch gemacht haben, ganz gleich, was man Ihnen angetan hat, Ihre Essenz bleibt davon unberührt. Sie nimmt nicht zu, wenn Sie geboren werden, und sie nimmt nicht ab, wenn Sie sterben. Sie ist das Ewige, das als Sie selbst zum Ausdruck kommt.

SCHLUSSWORTE: Freundliche Worte sind ein Geschenk. Sie erzeugen Reichtum im Herzen.

7
Auf die Körperhaltung achten

DIE ÜBUNG: Werden Sie sich mehrmals am Tag Ihrer Körperhaltung bewusst. Diese Übung hat zwei Aspekte. Zunächst einmal beinhaltet sie, dass Sie bemerken, in welcher Haltung Sie sich befinden und wie sich diese in Ihrem Körper anfühlt. Was wären die Hinweise, ob Sie stehen oder sitzen oder liegen, wenn Sie die Augen schließen würden? Wenn Sie zum Beispiel mit geschlossenen Augen in einem Sessel sitzen, was würde Ihnen dann sagen, dass Sie sich in einem sitzenden Körper befinden? Wo fühlen Sie Druck oder Bewegung?

Sich der Körperhaltung bewusst zu sein, bedeutet auch, dass Sie mehrmals am Tag auf Ihre Körperhaltung achten und diese korrigieren. Wenn Sie krumm dasitzen, dann richten Sie sich sanft wieder auf.

Die Mahlzeiten sind ein guter Zeitpunkt, mit dem Achten auf die Körperhaltung zu arbeiten. Sitzen Sie mit fest auf dem Boden stehenden Füßen und leicht geöffneten Knien vorn auf der Sitzfläche des Stuhls. Richten Sie die Wirbelsäule auf, um möglichst viel Raum für die Atmung zu schaffen.

Es ist auch interessant, sich der Körperhaltung bewusst zu werden, wenn Sie Schlange stehen, Auto fahren, im Bett liegen, an einer Sitzung oder einem Kursus teilnehmen und während Sie gehen.

Gedächtnisstützen

Bitten Sie Freunde oder Familienmitglieder um Hilfe. Bitten Sie sie, Sie darauf aufmerksam zu machen, wenn Sie zusammengesackt sind.

Betrachten Sie Ihre Haltung auch, wenn Sie an Spiegeln oder Schaufenstern vorbeigehen. Stellen Sie sich dann so hin, dass Sie Ihren Körper von der Seite sehen können. Muss Ihre Haltung korrigiert werden?

Befestigen Sie eine farbige Haftnotiz oder einen kleinen Zettel mit dem Wort „Haltung" an dem Stuhl oder dem Tisch, den Sie während Ihrer Mahlzeiten benutzen.

Entdeckungen

Viele Menschen sind überrascht zu entdecken, dass sie eine schlechte Haltung haben. Von vorn sieht ihre Haltung ganz in Ordnung aus, aber wenn sie ihr Spiegelbild von der Seite betrachten, bemerken sie zu ihrem Schrecken, dass ihr Oberkörper nach vorn gekrümmt ist. Wir passen unsere Körperhaltung unterschiedlichen Situationen an. In einem Bewerbungsgespräch oder einem interessanten Vortrag sitzen wir gerade da; wenn wir fernsehen, lümmeln wir uns auf die Couch. Man erkennt sehr leicht Menschen, die eine gewisse Schulung genossen haben, wie etwa Offiziere, Tänzer oder Angehörige des Hochadels. Ihre aufrechte Haltung ist offensichtlich. Warum ist die Körperhaltung für diese Menschen so wichtig? Ein spanisches Sprichwort sagt: „Einen Priester erkennt man auch noch in der Badehose." Damit wird gesagt, dass man einen religiösen Menschen allein schon an seinem Auftreten erkennt, das eine bestimmte innere Haltung oder Ausrichtung widerspiegelt.

In der Übung des Zen legen wir viel Wert auf die Körperhaltung, nicht nur in der Meditationshalle, sondern auch dann, wenn wir an einem Tisch sitzen oder sogar wenn wir herumlaufen. Wir gehen mit in Höhe der Taille zusammengelegten Händen und bewahren so das, was katholische Nonnen die „Aufsicht über die Hände" nennen. Wenn wir auf den Gängen aneinander vorbeigehen, halten wir an, legen die Hände zusammen und verbeugen uns. Wird uns unsere Arbeit für den Tag zugewiesen, dann verbeugen wir uns, dankbar für einen Körper, der zu arbeiten vermag. Viermal am Tag – während der Rezitation der Sutras – praktizieren wir volle Niederwerfungen auf den Boden; dort nehmen wir eine Haltung der Demut ein: Die Stirn berührt den Boden, wir knicken unseren von sich selbst besessenen Verstand und unser behütetes Herz ein und heben unsere Handflächen vom Boden in die Luft, um anzuzeigen, dass wir versuchen, uns zu unserem vollen Potenzial von Weisheit und Mitgefühl zu erheben. An manchen Tagen machen wir mehr als 108 Niederwerfungen. Menschen, die Wiedergutmachung für vergangene Verfehlungen üben, machen vielleicht 108 zusätzliche Niederwerfungen pro Tag. Ein Zen-Meister machte jeden Tag so viele Niederwerfungen, dass sich eine Hornhautbeule auf seiner Stirn bildete. Er sagte, er sei ein widerspenstiger, sturer Charakter und müsse Demut üben.

Japaner verbeugen sich täglich viele Male. In Japan sind viele alte Menschen so gebeugt, dass sie sich nicht mehr aufrichten können. Das macht ihnen nichts aus und sie sagen, dies helfe ihnen, sich weiterhin vor dem Leben zu verneigen und für alles dankbar zu sein, was es ihnen bringt.

Vertiefung

Der buddhistische Lehrer und Mönch Ajahn Chah sagte: „Weisheit entsteht daraus, dass man in allen Positionen achtsam ist. Eure Übung sollte beginnen, wenn ihr am Morgen aufwacht. Sie sollte weitergehen, bis ihr wieder einschlaft. Wichtig ist, dass ihr stets aufmerksam bleibt, ob ihr arbeitet oder sitzt oder auf die Toilette geht."

Körperhaltung und Konzentration sind miteinander verbunden. Schläfrigkeit (bei der Meditation oder zu anderen Zeiten) ist ein Hinweis darauf, dass Sie zusammengesackt sind und das sich Ihre Lunge nicht bei jedem Atemzug ganz füllen kann. Wenn dem so ist, dann korrigieren Sie still die Haltung vom unteren Ende der Wirbelsäule an aufwärts so, dass Sie sich strecken und mehr Raum für die Atmung schaffen. Nehmen Sie dann einige tiefe Atemzüge. Das Ziel ist, so viel Raum wie möglich für den ungehinderten Fluss der Atmung zu schaffen. Körperhaltung und Stimmung sind ebenfalls miteinander verbunden. Wenn Sie merken, dass Ihre Stimmung sauer geworden ist, versuchen Sie, Ihre Körperhaltung zu verändern.

Das Wort „aufrecht" kann sich auf unsere Haltung beziehen, es kann aber auch unsere Lebenseinstellung beschreiben. „Aufrecht" besagt, dass wir ein Leben in Integrität, Tugend und Standhaftigkeit führen. Was immer das Leben bringt, wir lassen uns davon nicht umwerfen. Unser Leben ist in all seinen Aspekten gerade ausgerichtet. Der

Buddha wird oft „der Erhabene" genannt, und das nicht etwa, weil er als Prinz geboren wurde, sondern weil er eifrig Meditation und Achtsamkeit übte und zu einem Menschen wurde, der sein Leben ganz und gar auf die grundlegende Wahrheit ausgerichtet hatte. Durch Übung können auch wir von dieser Wahrheit durchdrungen werden und unser Leben von ihr inspirieren und tragen lassen.

Wenn wir auf unseren Atem achten, entdecken wir den uns innewohnenden Gleichmut. Lassen wir die turbulenten Gedanken in unserem Geist zur Ruhe kommen, dann zeigt sich die uns innewohnende Weisheit. Entspannen wir uns und öffnen wir unser Herz, dann tritt die uns innewohnende Güte zutage. Haben wir lange genug geübt, sodass wir diese Eigenschaften jederzeit abrufen können, dann werden wir mit Zuversicht, aufrecht und unerschütterlich durch unser Leben gehen.

SCHLUSSWORTE: Körper und Geist sind nicht voneinander getrennt – sie sind tief miteinander verbunden und wechselseitig voneinander abhängig. Wenn der Geist oder die Stimmung zusammensackt, dann versuchen Sie, Ihre Körperhaltung wieder auszurichten.

8
Dankbarkeit am Ende des Tages

DIE ÜBUNG: Machen Sie am Ende des Tages eine Liste mit mindestens fünf Dingen, die an diesem Tag geschehen sind und für die Sie dankbar sein können. Lesen Sie diese Liste am Ende der Woche einem Freund, Ihrem Partner oder einem Gefährten auf dem Weg der Achtsamkeit vor.

Gedächtnisstützen

Legen Sie sich einen Notizblock und einen Schreibstift auf den Nachttisch oder auf Ihr Kissen. Vor dem Zubettgehen schreiben Sie dann abends Ihre Liste.

Entdeckungen

Wenn sie gerade erst mit der Übung beginnen, glauben viele Menschen, es werde ihnen schwerfallen, mindestens fünf Dinge zu notieren, für die sie dankbar sein können. Wenn sie erst einmal angefangen haben, sind sie dann ganz überrascht, dass die Liste oft viel länger wird. Es ist, als sei eine lange übersehene Schleuse geöffnet worden und der Strom reiße nun nicht mehr ab. Es kann vorkommen, dass Sie im Laufe des Tages mentale Notizen von Dingen machen, die Sie in die Liste aufnehmen wollen. Dies fördert eine wunderbare Wandlung zu einem Geisteszustand anhaltender Dankbarkeit.

Studien unter Leitung der Psychologie-Professorin Sonja Lyubomirsky haben gezeigt, dass 40 Prozent unseres Glücks von unseren willentlichen Aktivitäten abhängig sind. Bei Menschen, die ein

„Dankbarkeitstagebuch" führen, in dem sie regelmäßig den Menschen gegenüber, die freundlich zu ihnen waren, Dankbarkeit zum Ausdruck bringen, ist eine deutliche Zunahme des Glücksempfindens und eine Abnahme von Depressivität zu verzeichnen.

Wir kennen vielleicht einige Menschen, die von Natur aus dankbar sind. Uns in ihrer Gesellschaft zu befinden, hebt unsere Stimmung und hellt unseren Tag auf. Der Buddha sprach davon, den Geist zu „kultivieren", indem man nicht förderliche Gedanken und Gefühle verkümmern lässt und förderliche Gedanken und Gefühle verstärkt. Wie macht man das? Es handelt sich um ein energetisches Phänomen: Alles, dem wir Energie zukommen lassen, wird wachsen. Es mag uns anfangs künstlich vorkommen, aber wenn wir bewusst Dankbarkeit kultivieren, werden wir allmählich zu auf natürliche Weise dankbaren Menschen. (Kultivieren wir dagegen negative Geisteszustände, Eifersucht oder Kritiksucht, dann werden uns diese Dinge ausmachen.)

Vertiefung

Unser Geist scheint vom Negativen magnetisch angezogen zu werden. Er greift immer wieder problematische Erinnerungen auf und kaut auf ihnen herum. Er versucht, das Ergebnis zu verändern. „Hätte ich doch nur dies oder jenes getan, dann wäre er ..." Die Vergangenheit ist vergangen. Wir vermögen ihr Ergebnis nicht zu verändern. Wir können nur uns selbst verändern – und das geschieht in der Gegenwart. Unser Geist denkt sich schreckliche Dinge aus, die in der Zukunft passieren könnten. „Was soll ich tun, wenn die Wirtschaft zusammenbricht, es nicht mehr genügend Nahrungsmittel gibt und auf einmal Leute mit einer Schusswaffe vor der Tür stehen?" Der Verstand glaubt, seine Arbeit zu machen und uns vor Gefahren zu beschützen, aber in Wirklichkeit macht er uns nur angespannter und ängstlicher.

Der Verstand sagt: „Wen kümmern schon die positiven Dinge, die geschehen sind oder geschehen können? Positives kann dir nicht wehtun. Mein Job ist es, an all die möglichen negativen Ergebnisse zu denken." Die Nachrichtenmedien wissen dies; darum haben die meisten ihrer Berichte einen negativen Inhalt. „Hüten Sie sich vor dieser neuen Gefahr!" – „Diese schreckliche Sache geschieht eben jetzt oder könnte jeden Moment passieren!" Der moderne Geist will diese Art von Geschichten lesen, und deshalb lässt er uns diese Medien kaufen, lesen oder ansehen. Doch diese Besessenheit vom Negativen kann übermächtig werden und einen ängstlichen und deprimierten Geisteszustand erzeugen. Was wir erwarten, nämlich Leiden, wird zu dem, was wir tatsächlich bekommen – eine auf traurige Weise selbst erzeugte und sich selbst erfüllende Prophezeiung.

Die Übung der Dankbarkeit am Ende des Tages ist ein Gegenmittel gegen diese mentale Gewohnheit des Schwelgens in Katastrophen. Sie hilft uns, die vielen positiven und hilfreichen Begebenheiten des Tages ans Licht zu bringen. Sie lenkt den Bewusstseinsstrom in eine positive Richtung. Bei Menschen, die am Ende des Tages regelmäßig Dankbarkeit praktizieren, zeigt sich, dass sie die Sonnenseite von nahezu jedem Ereignis in ihrem Leben sehen können.

SCHLUSSWORTE: Lenken Sie den unglücklichen Geist so um, dass er wenigstens eine Sache entdeckt, für die er dankbar sein kann.

9
Auf Klänge lauschen

Die Übung: Halten Sie mehrfach am Tage inne und lauschen Sie einfach. Öffnen Sie Ihr Gehör für alles, was ringsumher geschieht – so, als wären Ihre Ohren riesige Radarantennen. Lauschen Sie den deutlich vernehmbaren und auch den leisen Geräuschen – in Ihrem Körper, im Zimmer, im Gebäude und draußen. Lauschen Sie, als seien Sie von einem fremden Planeten gekommen und gerade erst auf der Erde gelandet, als wüssten Sie nicht, was diese Geräusche hervorbringt. Finden Sie heraus, ob Sie alle Klänge als eine Musik hören können, die nur für Sie gespielt wird.

Gedächtnisstützen

Bringen Sie an verschiedenen Orten in Ihrem Haus oder an Ihrem Arbeitsplatz eine einfache Zeichnung eines Ohres an.

Entdeckungen

Wir werden ständig von Geräuschen überflutet, selbst an Orten, die wir als still bezeichnen würden, wie in einer Bibliothek oder in einem Wald. Unsere Ohren nehmen all diese Geräusche auf, aber unser Gehirn blockiert die Wahrnehmung der meisten von ihnen, damit wir uns auf die wichtigen konzentrieren können – das Gespräch, die Vorlesung, das Radioprogramm, den Flugzeugmotor und darauf, ob das Baby vielleicht gerade schreit.

Forschungen haben gezeigt, dass Babys Dinge hören, die Erwachsene nicht wahrnehmen können. Ihr Gehör ist so scharf, dass sie sogar die feinen Echos wahrnehmen, die nach den meisten Klängen entstehen. Wir lernen jedoch schon früh in unserem Leben, die Wahrnehmung dieser verwirrenden Geräusche zu unterdrücken. Interessanterweise bewahren sich die afrikanischen Buschleute diese Fähigkeit, vielleicht weil sie in der sehr stillen Umwelt der Wüste leben. Babys erkennen auch Musik sowie die melodischen Eigenschaften von Stimmen wieder, die sie vor ihrer Geburt im Mutterleib gehört haben.

Wenn wir beginnen, achtsam zu lauschen, dann eröffnet sich uns eine neue Welt. Geräusche, die wir zuvor als störend empfunden haben, werden interessant oder sogar amüsant, wenn wir sie als eine Art Musik von einem anderen Stern wahrnehmen. Hintergrundgeräusche treten in den Vordergrund. Während des Essens entdecken wir viele Geräusche in unserem Mund – besonders die von knusprigen Nahrungsmitteln. Der Rasenmäher des Nachbarn wird zu einem Teil der fortlaufenden Symphonie von Klängen. Ein Presslufthammer ist das Schlagzeug. Das Summen des Kühlschranks entfaltet sich zu einem Klangteppich vieler kaum wahrnehmbarer hoher und niedriger Töne.

Vertiefung

Die Übung des Lauschens ist eine wirkungsvolle Methode zur Beruhigung des Geistes. Wenn wir uns für ein Geräusch zu interessieren beginnen, dann möchten wir genauer hinhören. Um aufmerksam lauschen zu können, müssen wir die anderen Stimmen in unserem Geist bitten, für eine Weile still zu sein. Wir müssen den Geist bitten, die Geräusche nicht zu benennen („Die alte Karre von Herrn Meier") oder zu kommentieren („Er braucht einen neuen Auspuff"), sondern einfach nur aufmerksam zu sein und zu lauschen – so als hörten wir das Geräusch zum ersten Mal. So ist es tatsächlich – jedes Geräusch ist immer ganz neu.

Das Lauschen ist eine ausgezeichnete Methode, von dem endlosen Grübeln des ängstlichen Geistes Abstand zu nehmen. Sobald Sie sich dessen bewusst werden, dass Ihr Geist in einer selbsterzeugten Endlosschleife kreiselt, halten Sie inne und lauschen auf die Musik des Raumes. Wenn Sie fahrig geworden sind, nachdem Sie den ganzen Tag an Ihrem Computer gesessen haben, dann gehen Sie nach draußen, öffnen Ihr Gewahrsein in die Dunkelheit hinein und lauschen auf die Musik des Abends.

Es gibt ein berühmtes Koan, in dem es um das Geräusch geht. Ein Koan ist eine Frage, die den Geist für die direkte Erfahrung einer tieferen Wirklichkeit öffnet. Der berühmte japanische Zen-Meister Hakuin gab seinen Schülern das Koan: „Was ist das Geräusch der einen Hand?" Dieses Koan wurde in der Moderne trivialisiert (und falsch wiedergegeben) als: „Was ist das Geräusch des Klatschens einer Hand?" Doch wenn wir es in aller Ernsthaftigkeit üben, dann kann es den Geist für ein tiefes Lauschen öffnen.

Reduzieren Sie dieses Koan auf seine Essenz: „Was ist das Geräusch?" oder einfach nur „Geräusch?". Wenn Ihr Geist sich in seine endlos verschachtelten Korridore verirrt hat, dann bringen Sie ihn mit dieser Frage zurück ins Hier und Jetzt.

SCHLUSSWORTE: Selbst in dem, was wir Stille nennen, gibt es Geräusche. Um solch feine Klänge zu hören, muss der Geist sehr ruhig werden.

10
Jedes Mal, wenn das Telefon klingelt

DIE ÜBUNG: Jedes Mal, wenn Sie das Telefon klingeln hören, halten Sie in dem, was Sie gerade tun, inne und nehmen Sie drei achtsame Atemzüge, um den Geist zu beruhigen, bevor Sie den Anruf entgegennehmen. (Wenn Sie an einer Rezeption arbeiten, dann müssen Sie die Übung vielleicht auf ein oder zwei Atemzüge verkürzen. Es geht darum, innezuhalten und mindestens einen tiefen, reinigenden Atemzug zu nehmen, bevor Sie den Anruf entgegennehmen.)

Wenn Sie nur wenige Anrufe am Tag erhalten, dann stellen Sie einen Wecker so, dass er mehrfach am Tag klingelt, und zwar in großen, aber ungewöhnlichen Abständen, wie etwa alle 53 Minuten. Wenn der Wecker klingelt, halten Sie inne und atmen Sie.

Gedächtnisstützen

Kleben Sie einen farbigen Sticker oder einen kleinen Notizzettel, auf dem „Atme" steht, so auf Ihr Telefon, dass Sie ihn jedes Mal dann bemerken, wenn Sie das Telefon abnehmen oder aufklappen, um einen Anruf entgegenzunehmen.

Entdeckungen

Wir wurden dazu inspiriert, es mit dieser Übung zu versuchen, als eine große Gruppe von Schülern des vietnamesischen Zen-Mönchs

Thich Nhat Hanh zu einer Klausur in unser Kloster kam. Bei ihnen gibt es nämlich die Übung, auf eine Achtsamkeitsglocke zu hören, die während des Tages in unregelmäßigen Intervallen angeschlagen wird. Wann immer eine Glocke ertönte, ging eine Welle der Stille durch den Raum. Ganz gleich, was die Leute gerade taten – ob sie nun gerade unterrichteten, ein Gespräch führten, die Geschirrspülmaschine einräumten oder Essen servierten –, sie hörten alle sofort auf zu reden und hielten für drei Atemzüge in der Bewegung inne.

Jedes Mal, wenn eine Glocke erklang, kamen die geschäftigen Aktivitäten dieser Menschen einfach *zum Stillstand*. Man konnte spüren, wie sich die Energie im Raum beruhigte und mehr Stabilität und Präsenz gewann. Eine Person bemerkte: „Ich habe zwei Leute gesehen, die sich gerade in einer intensiven Diskussion befanden, als die Achtsamkeitsglocke läutete. Sie hielten mitten im Satz inne, ihr Gesichtsausdruck wurde deutlich weicher, und dann lächelten sie sich an."

Die meisten Menschen greifen automatisch nach dem Telefon, sobald es klingelt, und nehmen den Anruf möglichst bald entgegen. Anfangs ist es schwierig, mit dieser Gewohnheit zu brechen, innezuhalten und zu atmen. Einige achtsame Atemzüge zu nehmen, wenn das Telefon klingelt, ist eine sehr praktische und nützliche neue Gewohnheit, die wir kultivieren können, besonders wenn unsere Arbeit von uns verlangt, mit schwierigen Menschen zu sprechen, mit Menschen, die eine große Last von geistigem oder emotionalem Schmerz mit sich herumtragen und davon etwas auf Sie abladen möchten. Es hilft Ihnen, jedem Klienten, Kunden oder Patienten mit klarem Geist und offenem Herzen zu begegnen. Eine Empfangsdame erzählte: „Ich lerne, bis zum dritten Klingeln des Telefons zu warten. Das ist eine Gelegenheit, in dem, was ich gerade denke oder tue, innezuhalten und mich zu sammeln. Ich übe, meinen Geist zu leeren, damit ich der Person, die anruft, dann meine volle Aufmerksamkeit widmen kann."

Eine Krankenschwester in einer Notaufnahme sagte: „Ich bin es gewohnt, schnell und unablässig zu arbeiten. Ich konnte die Achtsamkeitsglocke zuerst überhaupt nicht leiden. Ich jätete gerade im Gewächshaus Unkraut und mochte meine Arbeit nicht unterbrechen, selbst für kurze Zeit. Aber dann bemerkte ich die tiefrote Farbe der Krautstiele um mich herum und wie das Licht durch den Stiel der Pflanzen fiel. Es war wunderschön." Es war eine Schönheit, die ihr entgangen wäre, eine Schönheit, die uns allen entgeht, wenn wir uns in unseren geschäftigen Geist verstrickt haben und nur partiell präsent sind, wenn wir zwar sehen, aber nicht wirklich *hinsehen.*

Vertiefung

Dies ist eine sehr wirkungsvolle Übung, weil sie eine plötzliche Stille im Körper und zugleich im Geist hervorruft. Wenn wir in Bewegung sind, dann denken wir gewöhnlich auch. Wenn der Körper anhält, dann wird eine unterschwellige Ebene ununterbrochenen Denkens offenbar. Erkennen wir dies, dann sind wir in der Lage, dieses Denken loszulassen und uns für tiefere Ebenen der Stille im Geist zu öffnen. Ein junger Mann bemerkte, dass diese Übung zwei wohltuende Ergebnisse hatte. In der Bewegung und im Sprechen innezuhalten, half ihm, sich mental zu entspannen, während das Auskosten der drei achtsamen Atemzüge ihm half, körperliche Spannung loszulassen.

Eine Frau bemerkte, diese Übung habe sie anfangs nervös gemacht. Ihr wurde sehr bald klar, dass diese Unruhe nichts damit zu tun hatte, wie gut sie die Übung ausführte, sondern dass sie Ausdruck einer grundlegenden, unterschwelligen Beunruhigung war, die stets vorhanden war und nichts mit irgendetwas von dem zu tun hatte, was gerade geschah. Sie begann daraufhin, das Intervall der drei Atemzüge dazu zu nutzen, einen Satz der liebenden Güte zu atmen: „Möge ich ganz entspannt sein." Das half ihr, ihre Unruhe aufzulösen.

Wir leben einen großen Teil unseres Lebens unbewusst und in Eile. Wo rennen wir denn ständig hin? Statt ganz und gar in diesem Augenblick zu leben, hasten wir immer voran und greifen nach der nächsten Minute, der nächsten Stunde, dem nächsten Tag. So schleifen wir unseren Bewusstseinszustand wie eine große Mülltüte von einem Ereignis zum nächsten weiter. Wenn wir gerade ein unangenehmes Telefongespräch geführt haben, reagieren wir wahrscheinlich mürrisch auf die ahnungslose Person, die als nächste anruft. Um jeden Anruf ganz frisch beantworten zu können, ohne von Gefühlen der Ungeduld, der Unruhe oder Irritation überschattet zu werden, müssen wir den Ablauf verlangsamen. Wir hören das Klingeln, wir halten inne, um ein bis drei Atemzüge zu nehmen, und wir lassen das los, was wir gerade in unserem Körper, in unserem Herzen und in unserem Geist festhalten.

Dann können wir dem neuen Anrufer und der neuen Situation mit Offenheit und Klarheit begegnen.

Wir beginnen, dies mit dem Klingeln von Telefonen und anderen Klingelzeichen als Erinnerung zu üben. Doch schließlich wird sich die Gewohnheit in andere Bereiche unseres Lebens ausdehnen. Das Ganze wird zu einer neuen Daseinsweise, in der wir fähig sind, das, was gerade in unserem Geist vor sich geht, loszulassen und während unseres Alltags jeder Begebenheit ganz frisch zu begegnen. Dies ist eine ungemein nützliche Fähigkeit, die die meisten Menschen nicht besitzen. Sie ermöglicht es uns, alte und schädliche Gewohnheiten absterben zu lassen, während wir neue und gesunde Gewohnheiten kultivieren.

SCHLUSSWORTE: Drei Atemzüge zu nehmen, wenn das Telefon klingelt, ist eine Art Auszeit für Erwachsene. Es ist eine Pause, die uns erfrischt.

11
Liebevolle Berührung

Die Übung: Gebrauchen Sie liebevolle Hände und liebevolle Berührung, selbst im Umgang mit unbelebten Dingen.

Gedächtnisstützen

Bringen Sie etwas Ungewöhnliches an einem Finger Ihrer dominanten Hand an. Möglich wäre zum Beispiel ein Ring, den Sie sonst nicht tragen, ein Heftpflaster, ein Tropfen Nagellack auf einem Fingernagel oder eine kleine Markierung mit einem farbigen Filzstift. Jedes Mal, wenn Sie die Markierung bemerken, verwenden Sie liebevolle Hände, eine liebevolle Berührung.

Entdeckungen

Während wir diese Übung praktizieren, werden wir uns bald bewusst, wann wir selbst oder andere *keine* liebevollen Hände verwenden. Es fällt uns auf, wie Lebensmittel in den Einkaufswagen geworfen werden, wie auf dem Flughafen Gepäck auf ein Förderband geschmissen wird, wie das silberne Besteck in eine Schublade gefeuert wird. Wir hören Metallschalen klappern, wenn wir sie nachlässig gestapelt haben, und Türen knallen, wenn wir es eilig haben.

Für diejenigen, die in unserem Garten Unkraut jäteten, ergab sich ein spezielles Dilemma. Wie kann man den Gebrauch liebevoller Hände üben, wenn man mit diesen Händen eine lebendige Pflanze mit der Wurzel aus dem Boden reißt? Ist es uns möglich, unser Herz für die Pflanze offenzuhalten und sie mit dem Gebet, ihr Leben (und das unsere) möge anderen zum Wohle gereichen, dem Kompost übergeben?

11 LIEBEVOLLE BERÜHRUNG

Als Medizinstudentin habe ich eine Reihe von Chirurgen erlebt, die für ihr „chirurgisches Temperament" bekannt waren. Wenn während einer Operation irgendeine Schwierigkeit auftauchte, dann benahmen sie sich wie Zweijährige, schmissen teure Instrumente hin und beschimpften die Operationsschwestern. Ein Chirurg fiel mir auf, der anders war. Er blieb auch unter Stress ruhig und – was noch viel wichtiger war – er ging mit dem Gewebe jedes narkotisierten Patienten so um, als sei es etwas sehr Kostbares. Damals beschloss ich, dass ich, wenn ich jemals einen Eingriff brauchte, darauf bestehen würde, von ihm operiert zu werden.

Während wir diese Übung praktizieren, weitet sich unser Achten auf liebevolle Berührung dahingehend aus, dass wir uns nicht nur dessen bewusst sind, wie wir die Dinge berühren, sondern auch, wie wir berührt werden. Das schließt nicht nur die Berührung durch menschliche Hände ein, sondern auch, wie uns unsere Kleidung, der Wind, das Essen und das Getränk in unserem Mund, der Boden unter unseren Füßen und vieles andere berührt.

Wir wissen durchaus, liebevolle Hände und Berührung zu gebrauchen. Wir berühren Babys, treue Hunde, weinende Kinder und Liebhaber mit Zärtlichkeit und Fürsorge. Warum also sollten wir die liebevolle Berührung nicht die ganze Zeit einsetzen? Dies ist die essenzielle Frage, wenn es um Achtsamkeit geht. Warum kann ich nicht die ganze Zeit auf diese Weise leben? Wenn wir einmal entdeckt haben, wie viel reicher unser Leben sein kann, wenn wir präsenter sind, warum fallen wir dann in unsere alten Gewohnheiten zurück und lassen uns gehen?

Vertiefung

Wir werden ständig von irgendetwas berührt, aber meistens sind wir uns dessen nicht bewusst. Wir nehmen eine Berührung erst dann bewusst wahr, wenn sie unangenehm ist (ein Stein in meiner Sandale) oder mit starkem Begehren verbunden ist (als sie oder er mich zum ersten Mal geküsst hat). Wenn wir beginnen, unser Gewahrsein für alle Empfindungen der Berührung zu öffnen, sowohl innerhalb als auch außerhalb unseres Körpers, so könnte uns das Angst machen. Es könnte überwältigend sein.

Wenn wir die liebevolle Berührung bei Menschen und nicht bei Objekten gebrauchen, ist uns das gewöhnlich eher bewusst. Sind wir jedoch in Eile oder auf jemanden ärgerlich, dann machen wir ihn oder sie zu einem Objekt. Wir rennen aus dem Haus, ohne zu jemandem, den wir lieben, auf Wiedersehen zu sagen; wir ignorieren den Gruß eines Kollegen, weil wir am Tag zuvor eine Auseinandersetzung mit ihm hatten. Auf diese Weise werden andere Menschen zu einem Objekt, zu einem Ärgernis, einem Hindernis und letztlich zu einem Feind.

In Japan werden Objekte oft personifiziert. Viele Dinge werden in Ehren gehalten und mit liebevoller Fürsorge behandelt, Dinge, die wir gewöhnlich für unbelebt halten würden und von denen wir deshalb glauben, sie verdienten keinen Respekt, geschweige denn Liebe. Geld wird einem Kassierer mit beiden Händen überreicht, Rührbesen für den grünen Tee erhalten Personennamen, zerbrochene Nadeln bekommen ein Begräbnis und werden in einem weichen Block Tofu zur Ruhe gelegt und das ehrerbietige „o-" wird den Bezeichnungen für weltliche Dinge wie Geld *(o-kane)*, Wasser *(o-mizu)*, Tee *(o-cha)* und sogar Essstäbchen *(o-hashi)* hinzugefügt. Dies geht vielleicht zurück auf die Shinto-Tradition der Verehrung von Kami oder Geistern, die in Wasserfällen, großen Bäumen und Bergen wohnen. Werden Wasser, Holz und Stein als heilig angesehen, dann sind alle Dinge, die aus ihnen entstehen, ebenfalls heilig.

Meine Zen-Meister lehrten mich durch ihr Beispiel, wie man mit allen Dingen so umgeht, als wären sie lebendig. Der Zen-Meister Maezumi Roshi öffnete Briefumschläge, selbst die von Werbepost, mit einem Brieföffner, um einen glatten Schnitt zu machen, und nahm den Inhalt dann mit großer Aufmerksamkeit heraus. Es störte ihn, wenn Menschen ihr Sitzkissen mit den Füßen über den Boden schoben oder ihre Teller hart auf den Tisch stellten. „Ich fühle das in meinem Körper", sagte er einmal. Während heutzutage die meisten Priester Kleiderbügel verwenden, nimmt sich der Zen-Meister Harada Roshi jeden Abend die Zeit, seine Mönchsrobe zusammenzufalten und sie unter seiner Liegematte oder seinem Körper zu „bügeln". Seine Alltagsrobe sieht immer frisch aus. In seiner Obhut befinden sich jahrhundertealte Mönchsroben. Er behandelt jede Robe, als sei sie die Robe des Buddha.

Können wir uns das Berührungs-Gewahrsein von erleuchteten Wesen vorstellen? Wie sensibel mögen sie sein und wie weit mag das

Feld ihrer Bewusstheit reichen? Jesus bemerkte augenblicklich, als eine kranke Frau den Saum seines Gewandes berührte, und sie wurde geheilt.

SCHLUSSWORTE: „Wenn du Reis, Wasser oder irgendetwas anderes in die Hand nimmst, sollst du die warmherzige und besorgte Fürsorge von Eltern haben, die ein Kind aufziehen." – Zen-Meister Dogen

---

12
Warten

Die Übung: Jedes Mal, wenn Sie warten müssen – in der Schlange an der Kasse, wenn Sie auf jemanden warten, der zu spät kommt, oder wenn Sie darauf warten, dass die „Bitte warten"-Meldung von Ihrem Computerbildschirm verschwindet –, nehmen Sie diese Gelegenheit wahr, um Achtsamkeit, Meditation oder Gebet zu praktizieren.

Es gibt viele gute Achtsamkeitsübungen für Zeiten des Wartens. Eine davon ist Aufmerksamkeit auf die Atmung, wobei Sie mit einigen tiefen Atemzügen beginnen, um die körperliche Spannung zu vertreiben, die daraus entsteht, dass Sie warten müssen, oder aus der Möglichkeit, dass jemand, auf den Sie warten, zu spät kommt. Finden Sie den Ort in Ihrem Körper, an dem Sie sich des Atems am stärksten bewusst sind – Nasenlöcher, Brust oder Bauch –, und richten Sie Ihre Aufmerksamkeit auf die Empfindungen in diesem Bereich und darauf, wie diese Empfindungen sich ständig ändern.

Eine andere nützliche Übung für Zeiten des Wartens ist das Lauschen auf Geräusche, wobei Sie Ihr Hörvermögen öffnen und ausdehnen und den gesamten Raum um Sie herum wahrnehmen. Andere gute Übungen sind die liebende Güte für den Körper (Kapitel 51) und die Entspannung beim Ausatmen: Jedes Mal, wenn Sie ausatmen, achten Sie auf irgendeine überflüssige Spannung oder ein Festhalten in Ihrem Körper – um die Augen oder um den Mund herum, in den Schultern oder im Bauch – und lassen Sie diese los.

Wenn Sie merken, dass Sie ärgerlich werden, weil Sie „warten" müssen, dann sagen Sie sich selbst: „Was für ein Glück! Ich habe unerwartet etwas zusätzliche Zeit für die Übung von Achtsamkeit erhalten."

Gedächtnisstützen

Heften Sie eine kleine Notiz oder ein Klebeband mit dem Buchstaben W (für „Warteübung") auf die Uhr, auf der Sie mehrfach am Tag nach der Zeit sehen – auch auf Geräte wie die Uhr in Ihrem Auto oder Ihr Handy. Kleben Sie ebenfalls ein „W" auf Ihren Computerbildschirm oder Ihre Maus.

Entdeckungen

Ich entdeckte diese Übung, als ich gerade erst mit der Meditation begonnen hatte und 72 Stunden pro Woche als Assistenzärztin in einem stark frequentierten Kreiskrankenhaus arbeitete, wobei ich kaum Zeit genug hatte, auf die Toilette zu gehen. Zwei Zen-Lehrer kamen mich im Krankenhaus besuchen. Ich eilte in das Wartezimmer und murmelte Entschuldigungen dafür, dass ich sie hatte warten lassen. „Kein Problem", sagte einer von ihnen. „Das hat uns eine zusätzliche Gelegenheit zum Sitzen gegeben." („Sitzen" bezeichnet im Zen die sitzende Meditation.) Ja, natürlich!

Diese Übung ist eine Antwort auf die Frage: „Wann kann ich, eine Person, die so viel zu tun hat, die Zeit für die Übung von Achtsamkeit finden?" Wir müssen der Übung von Achtsamkeit nicht eine längere Zeit am Stück widmen, auch wenn das bestimmt nicht schaden kann. Gelegenheiten, das Präsentsein zu üben, gibt es den ganzen Tag.

Wenn wir gezwungen sind zu warten, etwa in einem Verkehrsstau, dann machen wir instinktiv etwas, um uns von der Unannehmlichkeit des Wartens abzulenken. Wir schalten das Radio ein, rufen jemanden mit unserem Handy an oder schicken jemandem eine SMS, oder wir sitzen einfach da und rauchen. Die Übung der Achtsamkeit während des Wartens hilft uns, im Laufe des Tages viele kleine Momente zu finden, in denen der Faden der Bewusstheit aus dem Gewebe unseres Lebens, in dem er gewöhnlich verborgen liegt, an die Oberfläche treten kann. Das Warten, ein häufiges Ereignis, das gewöhnlich zu negativen Gefühlen führt, kann so in ein Geschenk verwandelt werden – das Geschenk freier Zeit für die Übung. Der Geist profitiert in zweifacher Hinsicht davon: erstens durch das Aufgeben von negativen Geisteszuständen und zweitens dadurch, dass wir die wohltuende Auswirkung von einigen zusätzlichen Minuten der Praxis mitten im Alltag zu spüren bekommen.

Mein erster Lehrer für die „Übung des Wartens" war mein ungemein geduldiger Vater. Sonntagsmorgens warf er sich in Schale, setzte sich dann in unser Auto und begann die Sonntagszeitung zu lesen. Währenddessen trudelten, eine nach der anderen, seine Frau und seine drei Töchter ein, nur um gleich wieder auszusteigen und mehrfach wegen aller möglicher vergessenen Dinge – Handschuhe, Notizbücher, Lippenstifte, Socken ohne Löcher, Hüte, Gesangsbücher und so weiter – ins Haus zurückzulaufen. Erst wenn das Hin-und-her-Gerenne und Türenschlagen aufgehört hatte, schaute er von seiner Zeitung auf, faltete sie ruhig zusammen und startete den Motor.

Vertiefung

Während Sie diese Übung praktizieren, lernen Sie, schon früh die körperlichen Veränderungen zu bemerken, die das Auftauchen von negativen Gedanken und Gefühlen begleiten, wie etwa die Ungeduld darüber, dass Sie warten müssen, oder den Ärger über „diesen Idioten", der vor Ihnen in der Schlange an einem Schalter steht. Jedes Mal, wenn es uns gelingt, innezuhalten und das Ausreifen eines negativen Geisteszustands zu verhindern (etwa Ärger über den Verkehr oder einen langsamen Kassierer), löschen wir ein gewohnheitsmäßiges und unzuträgliches Muster unseres Herz-Geistes aus. Wenn wir die Karre unseres Geistes nicht in denselben alten Wagenspuren denselben alten Hügel in denselben alten Sumpf hinabrollen lassen, dann werden die Wagenspuren allmählich aufgefüllt. Schließlich werden sich unsere Gewohnheitsmuster der Verärgerung und Frustration über so etwas wie das Warten auflösen. Das braucht Zeit, aber es funktioniert. Und es ist die Sache wert, weil jeder in unserer näheren Umgebung davon profitieren wird.

Viele von uns haben einen Verstand, der ihren Selbstwert an ihrer Produktivität misst. Wenn ich heute nichts produziert habe, wenn ich kein Buch geschrieben, keinen Vortrag gehalten, kein Brot gebacken, kein Geld verdient, nichts verkauft, nichts verdient, keine gute Note bei einem Test erhalten oder einen Seelenpartner gefunden habe, dann war meine Zeit verschwendet und ich bin ein Versager. Wir gratulieren uns nicht dafür, dass wir uns die Zeit genommen haben, einfach nur „da", nur präsent zu sein. Das „Warten" wird deshalb zu einer Quelle der Frustration. Wenn man bedenkt, was wir in der Zeit alles hätte tun können!

Doch wenn Sie die Menschen, die Ihnen etwas bedeuten, fragen, was sie sich am meisten von Ihnen wünschen, dann werden sie wahrscheinlich so etwas antworten wie „deine Präsenz" oder „deine liebevolle Aufmerksamkeit". Präsenz produziert keine greifbaren Gegenstände, nur positive Gefühle, Gefühle der Unterstützung, der Intimität und des Glücks. Wenn wir aufhören, geschäftig und produktiv zu sein, und dazu übergehen, einfach nur still und gewahr zu sein, dann werden auch wir selbst Unterstützung, Intimität und Glück erfahren, selbst wenn sonst niemand in unserer Nähe ist. Diese positiven Gefühle sind ein „Produkt" mit großer Nachfrage, das sich jedoch nicht kaufen lässt. Sie sind das natürliche Ergebnis von Präsenz. Sie sind ein Geburtsrecht, das zu besitzen wir vergessen haben.

SCHLUSSWORTE: Ärgern Sie sich nicht, wenn Sie warten müssen. Freuen Sie sich an der zusätzlichen Gelegenheit, das Präsentsein zu üben.

13

Ein Medien-Fasten

DIE ÜBUNG: Benutzen Sie eine Woche lang keinerlei Medien. Dazu gehören Nachrichtenmedien, soziale Medien und Unterhaltungsmedien. Hören Sie kein Radio, keinen iPod und keine CDs. Sehen Sie kein Fernsehen, keine Filme oder Videos. Lesen Sie keine Zeitungen, keine Bücher und keine Zeitschriften (sei es in gedruckter Form oder online.) Surfen Sie nicht im Internet und suchen Sie keine Sites von sozialen Medien wie Facebook oder Twitter auf.

Sie müssen sich nicht die Ohren zuhalten, wenn Ihnen jemand etwas über ein Nachrichtenereignis erzählt, aber vermeiden Sie es, sich in eine Diskussion über die Nachrichten hineinziehen zu lassen. Wenn andere dennoch darauf bestehen, erzählen Sie ihnen von Ihrem ungewöhnlichen Fasten. Sie können natürlich Dinge lesen, die Sie für Ihre Arbeit oder Ihre Ausbildung benötigen.

Und was tun Sie stattdessen? Ein Teil dieser Achtsamkeitsübung besteht darin, Alternativen zum Medienkonsum zu entdecken. Ein Fingerzeig: Machen Sie etwas mit Ihren Händen und Ihrem Körper.

Gedächtnisstützen

Verhängen Sie Ihr Fernsehgerät mit einem Tuch und kleben Sie ein Schild an Ihr Radiogerät und Ihren Computer, das Sie daran erinnert: „Diese Woche keine Medien und keine Unterhaltung." Lassen Sie es zu, dass sich die Zeitschriften ansammeln, und entsorgen Sie abonnierte Tageszeitungen eventuell direkt in den Papiermüll. Das würden Sie auch tun, wenn Sie aus dem Urlaub zurückkommen – warum also nicht jetzt?

Entdeckungen

Ich erfand diese Übung für einen Schüler, der an einem sehr verbreiteten Problem litt – einer chronischen untergründigen Angst. Am Ende einer sechstägigen Schweigeklausur sagte er mir, wie glücklich er über seinen ruhigen Bewusstseinszustand sei. Doch eine Stunde später, beim Mittagessen, hörte ich ihn wie gewöhnlich lautstark über den schrecklichen Zustand, in dem sich die Welt befände, schimpfen. Als bekennender Nachrichten-Junkie und gebürtiger New Yorker nahm er das Medien-Fasten nur widerwillig auf sich.

Er entdeckte, dass sein Geisteszustand beim Aufstehen und während seiner Morgenmeditation noch gut war. Doch er war es gewohnt, sich sofort nach der Beendigung seiner Meditation eine Tasse Kaffee zu genehmigen und die Morgennachrichten einzuschalten. „Damit ich sehen kann, was diese Schweinehunde wieder einmal angerichtet haben." Während des Medien-Fastens stellte er fest, dass es zu Hause und bei der Arbeit keine Rolle spielte, dass er nicht über die neuesten Nachrichten auf dem Laufenden war. Er erfuhr jedoch – ebenso wie seine geduldige Ehefrau – einen sehr viel ruhigeren Geisteszustand.

Eine der Schwierigkeiten während dieser „Entziehungskur" besteht darin, eine Ersatztätigkeit für die Zeit zu finden, die wir gewöhnlich mit den Medien verbringen. Sie können meditieren, spazieren gehen, mit Ihrer Familie ein Spiel spielen, ohne Fertigprodukte etwas kochen, im Garten Unkraut jäten, Fotos machen, ein Bild malen, eine neue Sprache oder das Spielen eines Musikinstruments erlernen oder einfach nur auf der Terrasse sitzen und entspannen.

Es könnte sein, dass Sie sich machtlos, faul oder dumm fühlen, wenn Sie nicht über die neuesten Nachrichten Bescheid wissen. Die Leute fragen mich: „Was, wenn etwas Wichtiges geschieht, etwa ein Feuer oder ein terroristischer Bombenanschlag?" Ich antworte dann: „Machen Sie sich keine Sorgen; wenn es wichtig ist, wird es Ihnen jemand erzählen."

Vertiefung

Während der ersten 200.000 Jahre der menschlichen Geschichte waren wir nur den Nachrichten über jene Menschen (und das Leiden jener Menschen) ausgesetzt, die uns in unserem Stamm oder in unserem Dorf unmittelbar umgaben. Wir sahen Geburt, Krankheit, Tod und Kriege, aber nur in begrenztem Ausmaß. Erst seit etwa 40 Jahren überschwemmen uns die Nachrichtenmedien Tag für Tag mit dem Leid der ganzen Welt – mit Kriegen, Naturkatastrophen, Folter und Hungersnot. Dieses Leiden, an dem wir nichts ändern können, sammelt sich in unserem Herzen und Geist an und macht uns leiden. Wenn wir zu viele Bilder von Gewalt, Zerstörung und Leiden im Herzen und Geist tragen, müssen wir uns die Zeit nehmen, uns wieder leer zu machen.

Das Medien-Fasten ist eine Methode, dies zu tun. (Eine Klausur mit stiller Meditation ist sogar noch besser.)

Es ist bekannt, dass Menschen, die mit Trauma-Opfern arbeiten, oft unter etwas leiden, das man „sekundäre Opferschaft" nennt. Auch sie werden von dem Trauma beeinträchtigt, obwohl sie nur davon hören und es nicht selbst erfahren haben. Seit der Erfindung des Fernsehens und der Abendnachrichten leiden wir alle zu einem gewissen Grad unter sekundärer Opferschaft; sie wird von dem unablässigen Strom lebhafter Bilder auf dem Bildschirm und in unserem Geist verursacht – Bildern von Mord, Völkermord, Erdbeben und tödlichen Epidemien. Dieses andauernde Bombardement erzeugt eine chronische Angst und macht unser Herz krank. Die Welt liegt im Argen, Millionen unschuldiger Menschen leiden, und wir können nicht viel tun, um etwas daran zu ändern.

Wenn wir die Aufnahme dieser vergifteten Bilder zurückfahren, können wir leichter Offenheit in unserem Herzen und Gelassenheit und Klarheit in unserem Geist schaffen. Dies ist die beste Grundlage, die wir haben können, um in die Welt des Leidens hinauszugehen und etwas zum Positiven zu verändern.

SCHLUSSWORTE: Eine ständige Überflutung mit negativen Nachrichten macht den Geist krank. Geben Sie Ihrem Geist die gute Medizin von Stille, Schönheit und liebevoller Freundschaft.

14
Liebevolle Augen

> **DIE ÜBUNG:** Versuchen Sie in dieser Woche, Dinge und Menschen mit liebevollen Augen zu betrachten. Achten Sie auf die Veränderungen, die sich in Ihren Augen, Ihrem Gesicht, Ihrem Körper, Ihrem Herz-Geist, Ihrem Gesichtsfeld und Ihrer Ausrichtung einstellen, wenn Sie daran denken, mit liebevollen Augen zu schauen.

Gedächtnisstützen

Finden Sie ein Bild von Augen oder malen Sie eins, vielleicht Augen mit einem Herz als Pupille. Bringen Sie solche Bilder an verschiedenen Orten in Ihrem Haus an – etwa am Badezimmerspiegel, am Kühlschrank, auf der Innenseite der Eingangstür.

Entdeckungen

Wir wissen liebevolle Augen zu gebrauchen, wenn wir uns verlieben, wenn wir ein Neugeborenes oder ein niedliches Tier sehen. Warum benutzen wir sie nicht öfter? Wenn wir diese Übung praktizieren, entdecken wir, dass unsere gewöhnliche Weise, die Dinge anzusehen, nicht liebevoll ist. Sie ist entweder neutral oder ein wenig negativ und kritisch. Wir kommen in ein Zimmer und das Erste, was wir bemerken, ist, dass der Teppich gesaugt werden muss. Oder wir begrüßen am Morgen ein Familienmitglied, und statt innezuhalten und ihm liebevoll in die Augen zu schauen, gehen wir an ihm vorbei, vermeiden es, ihm in die Augen zu sehen und sagen so etwas wie: „Du hast Zahnpasta an der Backe" oder „Willst du *das* etwa heute anziehen?".

Wir mögen einander zwar lieben, aber wir vergessen, dies auch mit unseren Augen zu zeigen. Die Leute fühlen sich oft wohler und seltsamerweise sogar intimer, wenn sie indirekt kommunizieren – per Telefon oder E-Mail. Ich hörte einmal einen Teenager sagen, wenn er mit seiner Freundin etwas Schwieriges zu bereden habe, würde er ihr lieber eine Textbotschaft schicken und auf ihre Antwort warten, als persönlich mit ihr zu sprechen. Er meinte: „Manchmal ist es schwer, von Angesicht zu Angesicht zu reden." Einerseits wünschen wir uns Intimität, aber andererseits ist sie uns auch unbehaglich. (Ist dies vielleicht der Grund, warum sich unser Geist bei der Meditation so oft aus dem gegenwärtigen Augenblick verabschiedet? Gibt es da im gegenwärtigen Moment etwa zu viel Präsenz?)

Wenn Menschen versuchen, die Welt mit liebevollen Augen zu betrachten, dann berichten sie oft, dass sich ihre Sichtweise von Objekten und anderen Menschen verändert. Ihr Fokus wird oft klarer und sie bemerken kleine Details, so als sähen sie durch ein Vergrößerungsglas. Andere Menschen stellen das Gegenteil fest, nämlich dass ihre Sicht dann weicher und ein wenig verschwommen ist. Wenn wir liebevolle Augen gebrauchen, so macht das das ganze Gesicht weicher und zaubert ein leichtes Lächeln auf unsere Lippen. Der Herz-Geist öffnet sich und kritische Gedanken schmelzen dahin.

Vertiefung

Es gibt eine Bandbreite unterschiedlicher „Augen", die wir benutzen – von zornigen Augen über kritische Augen, unpersönliche Augen, persönliche Augen, freundliche Augen bis hin zu liebevollen Augen. Welche Augen zu benutzen wir uns entscheiden, färbt auf unsere Wahrnehmung der Welt ab und kann sie von feindselig zu wohlwollend verändern. Die Wesen, die wir ansehen, spüren, welche Augen wir benutzen. Die Augen, für die wir uns entscheiden, werden sich auch auf unser Glück und das Glück derjenigen, die wir ansehen, auswirken. Uns selbst zu kennen, heißt zu wissen, mit welchen Augen wir sehen, und diese Augen bedacht benutzen zu können.

Das dritte Auge nennt man das Weisheitsauge. Könnten wir die Moleküle sehen, aus denen wir „selbst" aufgebaut sind, dann würden wir uns als kleine Energiepakete sehen, die in leerem Raum herumwirbeln und die von anderen flüchtigen Energiebündeln in einem leeren Raum ohne Anfang und Ende umgeben sind. Schaffen wir es, den Geist in der Meditation zu beruhigen, und suchen wir darauf nach einem Ich oder Selbst, dann finden wir nichts weiter als kleine Teilchen von Empfindung – Wärme und Kälte, Druck und Bewegung – (die in Wirklichkeit eine Gruppe von Empfindungen sind, welche nacheinander aufzutreten scheinen) sowie Empfindungen im Geist, die wir „Gedanken" nennen, und Empfindungen im Körper, die wir „Gefühle" nennen. Wenn das Denken aufhört, und sei es auch nur für kurze Zeit, dann löst sich der „Leim" auf, der dieses Bündel von Empfindungen zusammenhält, und wir können das Ich als das sehen, was es tatsächlich ist – eine Masse von Empfindungen, die im leeren Raum schweben.

Das vierte „Auge" nennt man das Dharma-Auge. Es sieht, wie alle Phänomene (ein jedes davon einzigartig und kostbar) aus der Leere auftauchen, für eine Weile existieren und sich dann wieder auflösen. Jemanden, der mit diesen Augen sieht, nennt man einen Bodhisattva – ein Wesen, welches Mitgefühl für all jene empfindet, die unnötig leiden, und welches von seinem Mitgefühl motiviert wird, ihnen zu helfen.

Das fünfte „Auge" ist das Buddha-Auge. Es vereint die Sichtweisen aller anderen Augen, die in höchstem Maße entwickelt sind – weit über alles hinaus, was wir uns vorstellen können.

Wenn wir liebevolle Augen praktizieren, dann erhaschen wir einen Blick durch das vierte Auge, das Auge des Bodhisattva. Mit liebevollen Augen zu sehen, ist keine einseitige Erfahrung und es ist auch nicht nur eine visuelle Erfahrung. Wenn wir etwas mit liebevollen Augen berühren, dann bringen wir von unserer Seite eine gewisse Wärme ein, aber es mag uns überraschen, zu spüren, dass auch Wärme zu uns hin ausstrahlt. Wir beginnen uns zu fragen, ob alles in der Welt aus Liebe gemacht ist. Habe ich das vielleicht nicht sehen wollen?

SCHLUSSWORTE: Liebevolle Augen können ein liebevolles Universum schaffen.

15
Im Geheimen Gutes tun

DIE ÜBUNG: Tun Sie eine Woche lang jeden Tag im Geheimen etwas Freundliches oder Tugendhaftes. Tun Sie etwas, das für andere gut oder notwendig ist, aber tun Sie es anonym. Diese guten Taten können etwas ganz Einfaches sein, wie etwa das Abwaschen des Geschirrs, das jemand in der Spüle hinterlassen hat, das Aufheben von Abfall auf dem Bürgersteig, das Reinigen des Waschbeckens im Badezimmer (wenn es nicht zu Ihren Aufgaben gehört), eine anonyme Spende oder das Hinterlassen einer Tafel Schokolade auf dem Schreibtisch eines Kollegen.

Gedächtnisstützen

Legen Sie ein Notizbuch auf Ihren Nachttisch und benutzen Sie es, um jeden Abend zu planen, welche geheime gute Tat Sie am nächsten Tag tun wollen. Sie könnten auch kleine Bilder von Elfen an strategischen Stellen in Ihrem Heim oder an Ihrem Arbeitsplatz aufhängen.

Entdeckungen

Es macht überraschenderweise viel Spaß, insgeheim nette Dinge für andere Menschen zu tun. Haben Sie erst einmal ernsthaft mit dieser Übung begonnen, dann beginnen Sie, nach neuen Ideen Ausschau zu halten, und es tauchen immer mehr Möglichkeiten auf. „Ach ja, morgen könnte ich ihr zur Begrüßung eine Tasse Tee auf den Schreibtisch stellen, oder ich könnte den Dreck von seinen Laufschuhen auf der Terrasse abbürsten." Das ist wie der Superheld namens „Geheime Tugend", der mitten in der Nacht umherschleicht und gute Taten tut. Es ist aufregend, wenn man versucht, sich nicht erwischen zu lassen, und wie manche Leute zugeben, kann es auch ein wenig enttäuschend sein, wenn man nicht erwischt wird und deshalb keine Bestätigung erhält. Noch interessanter ist es, den Mund zu halten, wenn jemand anderer den Dank für ein Geschenk erhält, das von einem selbst stammt.

In allen Religionen wird die Großzügigkeit sehr geschätzt. In der Bibel heißt es, es sei segensreicher zu geben, als zu nehmen. Im Islam gibt es zwei Arten der Mildtätigkeit: einerseits die Pflicht, Almosen zu geben, um Arme und Waisen zu unterstützen, und andererseits das freiwillige Geben, zum Beispiel im Rahmen eines Stipendiums oder einer Stiftung. Das Geben als Pflicht reinigt die restlichen Einkünfte einer Person und wird als eine Form des Gebets oder des Gottesdienstes betrachtet. Das freiwillige Geben im Geheimen soll 70-mal so viel wert sein wie das obligatorische Almosengeben.

Eine meiner liebsten Übungen ist das, was ich „Metta im Vorbeifahren" nenne. (*Metta* ist ein Sanskrit-Wort das „Liebende Güte" oder „Bedingungslose Freundlichkeit" bedeutet.) Während ich zur Arbeit fahre, sage ich für jeden, an dem ich auf der Straße vorbeifahre – Fußgänger, Radfahrer und besonders rücksichtslose Fahrer, die es eilig haben – mit dem Ausatmen still vor mich hin: „Mögest du frei von Angst sein. Möge es dir wohl ergehen." Ich weiß nicht, ob diese geheime Übung diesen Menschen nützt, aber mir hilft sie ganz bestimmt. Die Tage, an denen ich Metta im Vorüberfahren übe, verlaufen stets glatter als die anderen.

Vertiefung

Unsere Persönlichkeit setzt sich aus vielen Strategien zusammen, mit denen wir erreichen wollen, dass andere uns lieben und für uns sorgen, dass wir bekommen, was wir uns wünschen, und dass wir in Sicherheit sind. Diese Übung hilft uns herauszufinden, inwieweit wir bereit sind, uns zu bemühen, Gutes für andere zu tun, wenn wir nie dafür gelobt werden. Im Zen heißt es, wir sollten „einfach geradeaus gehen" – wir sollten unser Leben auf geradlinige Weise leben, basierend auf dem, was wir als gutes Verhalten erkannt haben, unbeeinflusst von Lob oder Kritik.

Ein Mönch fragte einmal den chinesischen Zen-Meister Hui-hai: „Was ist das Tor (in der Bedeutung von „Eingang" ebenso wie von „Pfeiler") der Zen-Praxis?" Hui-hai antwortete: „Vollständiges Geben."

Der Buddha sagte: „Wüssten die Menschen ebenso wie ich um die Früchte des Teilens von Gaben, dann hätten sie keine Freude an ihrem Gebrauch, ohne sie mit anderen zu teilen, und ihr Herz wäre nicht vom Makel des Geizes eingenommen. Selbst wenn es ihr letzter Bissen wäre, der letzte Krümel Nahrung, den sie besitzen, sie hätten keine Freude daran, ihn ungeteilt zu essen, wenn da noch jemand anderer wäre, mit dem sie ihn teilen könnten."

Der Buddha sprach immer wieder vom Wert der Großzügigkeit und sagte, dies sei die wirksamste Methode zum Erreichen der Erleuchtung. Er empfahl, einfache Gaben zu geben, etwa reines Trinkwasser, Nahrung, Unterkunft, Kleidung, Transport, Licht, Blumen. Selbst arme Menschen, so sagte er, können großzügig sein, indem sie einer Ameise einen Krümel von ihrem Essen abgeben. Jedes Mal, wenn wir etwas verschenken – sei es ein materielles Objekt oder unsere Zeit (Ist sie wirklich „unsere" Zeit?) –, lassen wir ein Stückchen von dieser sorgfältig angesammelten und eifrig verteidigten flüchtigen Ansammlung von Dingen los, die wir „Ich, mich und mein" nennen.

SCHLUSSWORTE: Großzügigkeit ist die höchste Tugend, und anonymes Geben ist die höchste Form der Großzügigkeit.

16
Nur drei Atemzüge

DIE ÜBUNG: Gönnen Sie Ihrem Geist so oft am Tag wie möglich eine kurze Ruhepause. Bitten Sie die inneren Stimmen, für die Dauer von drei Atemzügen zu schweigen. Es ist so, als schalteten Sie für wenige Minuten das innere Radio oder den inneren Fernsehapparat ab. Öffnen Sie dann alle Ihre Sinne, um einfach nur gewahr zu sein – der Farben, Klänge, Berührungen und Düfte.

Gedächtnisstützen

Kleben Sie Sticker mit der Ziffer 3 darauf auf Dinge in Ihrer Umgebung. Sie könnten auch die Zeichnung einer Person mit einer leeren Sprechblase über dem Kopf aufhängen. Vielleicht hilft es Ihnen auch, einen Wecker oder Ihr Handy so einzustellen, dass sie im Laufe des Tages in unregelmäßigen Abständen klingeln.

Entdeckungen

Wenn Menschen gerade begonnen haben, zu meditieren oder das kontemplative Gebet zu üben, dann erfahren sie ein gewisses Maß an Befreiung vom ständigen Kreisen der Gedanken. Sie sind glücklich. Wenn sich ihre Konzentration dann jedoch vertieft, sind sie oft verzweifelt darüber, dass sich ihr Geist als eine Art hyperaktives zweijähriges Kind erweist, das nicht stillsitzen kann und nicht länger als einige wenige Minuten im gegenwärtigen Augenblick zu verweilen vermag. Ihr Geist ist den ganzen Tag lang aktiv. Er reist in die Vergangenheit, indem er vergangene Freuden und Verletzungen neu durchlebt. Er eilt voraus in die Zukunft und macht Hunderte von Plänen. Er entflieht in Phantasien und erzeugt Luftschlösser, um all seine Wünsche zu erfüllen. Wer zu meditieren beginnt, entdeckt auch seine inneren Stimmen, die ständig schwatzen, vergleichen und kritisieren und nach Vernunftgründen suchen. In diesem Stadium sagen die Leute oft, dass sie am liebsten wieder mit der Meditation aufhören würden. Sie haben das Gefühl, dass ihr Geist mehr Krach macht als je zuvor! Sobald ihr Geist von der Übung abirrt, sind sie voller Selbstkritik. Statt Fortschritte zu machen, scheinen sie Rückschritte zu machen.

Es sieht so aus, als sei unser Geist nur für kurze Zeit bereit, bei dem Spiel seiner Beruhigung mitzumachen. Wenn er erkennt, dass wir es ernst damit meinen, ihn ruhigzustellen und sogar für einige Zeit ohne seine ständige Anleitung zu leben, dann gerät er womöglich in Panik und fängt an, wie ein Hamster in seinem Laufrad zu rennen. Unser Geist schaltet dann auf Selbstverteidigung, versucht die Quelle seines Ungemachs zu finden und erzeugt Verurteilungen anderer und Selbstkritik. Wenn diese negativen Gedanken und Gefühle den Geist erfüllen, kann das die Übung der Achtsamkeit schwächen und schließlich ganz zerstören.

Die einfache Übung der drei Atemzüge kann befreiend wirken. Sie vermag diese Art von Abwärtsspirale zu unterbrechen und unsere Praxis zu erneuern. Wir fordern den Verstand auf, ein wenig zu ruhen, für drei Atemzüge völlig still zu werden. Weil wir drei Atemzüge nicht zählen müssen, können wir sie voll und ganz genießen. Sind die drei Atemzüge getan, dann geben Sie den Verstand für ein Weilchen frei und richten anschließend Ihre volle Aufmerksamkeit wieder auf bloße drei Atemzüge. Wenn unser Geist immer häufiger im gegenwärtigen Augenblick ruht, so beruhigt er sich ganz von selbst. Wir können dann mühelos für einige Atemzüge mehr und dann für noch mehr Atemzüge präsent bleiben, bis wir in der Lage sind, in entspanntem, offenem Gewahrsein zu sitzen.

Vertiefung

Selbst während der Nacht ruht unser Geist nicht. Er erzeugt Träume und verarbeitet das unverdaute Material unserer Tage. All diese mentale Aktivität, all diese Entscheidungen und Möglichkeiten sind verwirrend und sogar ermüdend. So wie der Körper regelmäßige Ruhephasen braucht, braucht sie auch der Geist.

Den Geist in vollkommener Stille, in reinem Gewahrsein ruhen lassen, bedeutet, ihn zu seiner ursprünglichen Natur, zu seinem natürlichen Zustand zurückkehren zu lassen. Diese Übung hilft uns, die Gewohnheit des zwanghaften Denkens zu durchbrechen. Es ist nicht nötig, dass unser Geist ständig all die Ereignisse unseres Lebens nacherzählt. Wir brauchen seine inneren Kommentare zu allem und jedem, dem wir begegnen, nicht. Diese Erzählung, diese Kommentare trennen uns von der bloßen Erfahrung des Lebens, wie es ist.

Der Geist hat zwei Funktionen: Denken und Gewahrsein. Als neugeborene Babys haben wir noch keine Wörter in unserem Geist. Wir leben in reinem Gewahrsein. Wenn wir sprechen lernen, beginnen Wörter unseren Geist und unseren Mund zu füllen. Meine zweijährige Enkelin plappert den ganzen Tag lang, einfach nur, um ihre neue Fertigkeit des Redens zu üben, und sie sonnt sich in all dem Lächeln und dem Lob, das sie damit bei den Erwachsenen in ihrer Umgebung erntet. Das Sprechenlernen ist ein notwendiger Schritt in unserer Entwicklung, aber es ist auch der Anfang eines Geistes, der in unserem Kopf ständig vor sich hin plappert. Dieses innere Geschwätz verbraucht Energie. Der Geist ruht erst dann wirklich aus, wenn wir in der Lage sind, seine Denkfunktion ab- und seine Gewahrseinsfunktion einzuschalten. Gewöhnlich warten wir damit, bis wir wenigstens eine halbe Stunde Zeit zum Meditieren oder für die Zentrierung im Gebet haben. Wir können jedoch auch kurze Momente der Geistesruhe in den Alltag einstreuen. Wenn unser Geist ruht, und sei es auch nur für eine so kurze Zeit wie drei Atemzüge, dann erfrischt und klärt ihn das.

Der Buddha verglich den ungezügelten Geist mit einem wilden Elefanten. Er verausgabt seine Kraft, indem er wild umherrennt. Damit wir seine Kraft einsetzen können, müssen wir ihn zuerst an einen Pfahl anbinden. Genau das tun wir, wenn wir den Geist an den Atem binden. Dann lehren wir den Elefanten stillzustehen. Wir lehren den Geist, sich selbst zu lehren und bereitzustehen – wach aber entspannt, in Erwartung dessen, was als Nächstes auftaucht.

Schaltet der Geist vom produktiven in den aufnehmenden Modus um, dann kehren wir zum reinen Gewahrsein des Kleinkinds zurück.

Wir sind fähig, die unerschöpfliche Quelle wieder anzuzapfen. Hinterher fragt der verjüngte Geist: „Warum machen wir das nicht öfter?"

Schlussworte: Gesundheitsrezept: Beruhigen Sie den Geist für bloße drei Atemzüge. Wiederholung so oft wie nötig.

17
In neue Räume eintreten

DIE ÜBUNG: Unsere Kurzbezeichnung für diese Achtsamkeitsübung ist „Achtsamkeit in Bezug auf Türen", aber tatsächlich gehört zu dieser Übung, dass Sie sich jedes Übergangs zwischen Räumen bewusst werden, wenn Sie also eine Art von Raum verlassen und in einen anderen eintreten. Bevor Sie durch eine Tür gehen, halten Sie inne, sei es auch nur für eine Sekunde, und nehmen Sie einen Atemzug. Werden Sie sich der Unterschiede bewusst, die Sie in jedem neuen Raum empfinden, in den Sie eintreten.

Es ist ein Teil dieser Übung, dass Sie Ihre Aufmerksamkeit darauf richten, wie Sie die Tür schließen, wenn Sie in einen neuen Raum eintreten. Wir gehen oft unmittelbar in einen neuen Raum über, ohne mit dem alten abgeschlossen zu haben, und vergessen, die Tür hinter uns zufallen zu lassen.

Gedächtnisstützen

Kleben Sie einen auffälligen Sticker, wie etwa einen großen Stern, auf die Türen, durch die Sie zu Hause gewöhnlich gehen. Denken Sie auch an Türen zu Kammern, Garagen, Schuppen, Kellern und Büroräumen. Oder Sie malen ein großes „T" auf den Rücken der Hand, mit der Sie gewöhnlich Türen öffnen.

Entdeckungen

Lassen Sie sich nicht entmutigen, wenn es Ihnen zuerst nicht gelingt, diese Übung auszuführen. Es ist eine der schwierigsten Übungen, die wir in unserem Kloster im Laufe der Jahre praktiziert haben. Oft werden Sie auf eine Tür zugehen und dabei denken: „Tür. Tür. Gehe achtsam durch die …" – und plötzlich finden Sie sich auf der anderen Seite der Tür, ohne sich dessen bewusst gewesen zu sein, wie Sie durch sie hindurchgegangen sind. Nachdem wir diese Übung ein- bis zweimal im Jahr eine Woche lang praktiziert hatten, wurden wir schließlich besser darin, uns des Betretens eines neuen Raums bewusst zu werden, selbst wenn es keine so hilfreiche Schwelle wie eine Tür gab.

Die Unterschiede zwischen den verschiedenen Räumen sind dann am auffälligsten, wenn Sie aus einem Innenraum nach außen treten. Es gibt deutliche Unterschiede in der Temperatur, der Luftqualität, dem Geruch, dem Licht, den Geräuschen und der gefühlten Atmosphäre. Mit einiger Übung sind wir auch in der Lage, diese Arten von Unterschieden zu erkennen, wenn wir im Laufe des Tages innerhalb eines Hauses in eines der vielen Zimmer hineingehen oder aus ihm hinaustreten, auch wenn diese Unterschiede unterschwelliger sein mögen.

Ein Übender hat einmal einen Zähler benutzt, um festzustellen, durch wie viele Türen er im Laufe eines Tages ging – es waren über 240! Das sind massenhaft Gelegenheiten, einen Moment der Achtsamkeit einzuschieben. Diese Übung scheint die Kreativität sowie neue Übungen anzuregen. So fügte zum Beispiel eine Frau die Übung hinzu, zu bemerken, wie sich „Türen" in ihrem Geist öffneten und schlossen, wenn sie von einer Gedankenverbindung abließ und zu einer anderen überging. Sie wurde sich sehr deutlich dessen bewusst, wie sie während der Meditation in ihrem Geist in neue „Räume" überging. Eine andere Person, die es ihr Leben lang gewohnt gewesen war, Türen zuzuschlagen, arbeitete daran, Türen sanft zu schließen. Wieder eine andere Übende versuchte, die Weite ihres Geistes an die jeden neuen Raumes anzupassen, in den sie eintrat.

Vertiefung

Viele von uns, darunter ich selbst, mussten diese Übung mehrere Wochen wiederholen, bis wir fähig waren, auch nur die Hälfte der Türen, durch die wir hindurchgingen, achtsam zu durchschreiten. Wir wurden besser darin, als jemand in einem dämmrigen Flur in der Nähe einer viel benutzten Tür eine große Plexiglasscheibe aufhängte. Wir alle rannten immer wieder in diese Scheibe hinein, selbst derjenige, der sie aufgehängt hatte! Ein paar Schläge auf den Kopf können für die eigene Achtsamkeit Wunder wirken.

Wir dachten auch darüber nach, warum diese Übung eine solche Herausforderung darstellt. Jemand hatte eine Einsicht: Wenn wir auf eine Tür zugehen, geht unser Geist bereits in die Zukunft voraus, hin zu dem, was wir auf der anderen Seite antreffen und tun werden. Diese Bewegung des Geistes ist nicht offensichtlich. Man muss sehr aufmerksam sein, um sie wahrzunehmen. Sie lässt uns für kurze Zeit unbewusst für das sein, was wir in der Gegenwart tun. Der unbewusste oder halb bewusste Geist vermag uns jedoch sicher durch die Bewegungen des Öffnens der Tür und des Hindurchgehens zu steuern.

Dies ist ein Beispiel dafür, wie wir durch einen großen Teil unseres Tages „schlafwandeln", wie wir uns in der Welt zurechtfinden, während wir in einen Traum verstrickt sind. Dieser halb bewusste Zustand ist eine Quelle des Unbefriedigtseins (*dukkha* auf Sanskrit), des andauernden Gefühls, dass irgendetwas nicht ganz in Ordnung ist, dass es eine Kluft gibt zwischen uns und dem Leben, wie es tatsächlich abläuft.

SCHLUSSWORTE: Nehmen Sie jeden physischen Raum und jeden geistigen Raum, in den Sie eintreten, bewusst wahr.

18
Auf Bäume achten

DIE ÜBUNG: Achten Sie während dieser Woche auf die Bäume in Ihrer Umgebung. Es gibt viele Aspekte, auf die Sie achten können, zum Beispiel die verschiedenen Formen (im Umriss rund oder schlank, gleichmäßig oder zerzaust), die unterschiedliche Größe, die Art der Verzweigung, die Farbe und die Art des Blattwerks. Lassen Sie Ihren Verstand nicht anfangen zu analysieren; nehmen Sie die Bäume einfach zur Kenntnis und würdigen Sie sie. (Wenn Sie in einer baumlosen Gegend wohnen, dann können Sie die Übung dahingehend abändern, dass Sie etwa auf Kakteen, Büsche oder Gräser achten.)

Eine günstige Zeit, auf Bäume zu achten, ist, wenn Sie mit dem Auto oder zu Fuß unterwegs sind oder wenn Sie aus dem Fenster sehen. Wenn Sie Gelegenheit dazu haben, machen Sie einen Spaziergang inmitten der Bäume eines Parks, eines Waldes oder einer Allee. Betrachten Sie die Blätter und die Baumrinde aus der Nähe. Seien Sie sich dessen bewusst, dass Bäume atmen. Was sie ausatmen (Sauerstoff), atmen wir ein. Was wir ausatmen (Kohlendioxid), atmen sie ein.

Gedächtnisstützen

Kleben Sie das kleine Bild eines Baums auf das Armaturenbrett Ihres Wagens und auf Fenster, durch die Sie oft hinaussehen.

Entdeckungen

Bäume werden leicht zu „einem Teil der Tapete" in unserem Leben. Wir halten ihre Anwesenheit für selbstverständlich und sehen sie nicht mehr individuell und klar. Beginnen wir erst einmal, aktiv auf sie zu achten, dann fällt uns auf, dass überall Bäume sind und dass ihre Formen komplex und sehr unterschiedlich sind. Auf die vielen Schattierungen des Grüns in den Bäumen und Pflanzen zu achten, ist an sich schon eine wunderbare Achtsamkeitsübung. Maler bemerken viele Farben neben dem Braun in der Rinde von Bäumen, wie etwa Purpur oder Orange.

Wir nehmen wahr, wie sich die Bäume mit den Jahreszeiten verändern: Im Frühling ist da das zarte Hellgrün der winzigen neuen Blätter, im Sommer das satte Grün des vollen Laubes, im Herbst werden die Blätter gelb, orangefarben und rot. Im Winter sehen wir das nackte Skelett der Bäume und die vielen verschiedenen Muster des Geästs sowie die Vogelnester und Behausungen von Eichhörnchen, die im Sommer vom Laub verborgen waren. Wir werden neugierig und lernen die Namen der verschiedenen Bäume.

In dem Wald bei unserem Kloster gibt es einen Großblättrigen Ahorn, der etwa 200 Jahre alt ist. Er wird der Schlossahorn genannt, weil er das Heim von Tausenden von Kreaturen ist, von Streifenhörnchen bis hin zu Tausendfüßlern. Wir können uns vorstellen, wen oder was dieser Baum während seiner Lebenszeit hat vorbeigehen sehen – Luchse, Mäuse und Rehe, Indianer, finnische Bauern und Zen-Mönche in Roben.

Um unsere Verbindung zu den Bäumen wiederherzustellen, machen wir in unserem Kloster jedes Jahr eine einwöchige Schweigeklausur, bei der sich jeder Teilnehmer im Wald einen Baum aussucht, unter und mit dem er sitzt – sowohl am Tag als auch während der Nacht. Jeder nimmt etwas Wichtiges aus diesen Stunden der Kommunion mit. Wann immer ich mit einem vertrackten geistigen Problem ringe, gehe ich in den Wald, setze mich hin und lehne mich gegen einen Baum. Ich lasse mein Bewusstsein mit dem Bewusstsein des Baumes verschmelzen und dehne mich in meiner Vorstellung von den Spitzen der Wurzeln tief in der feuchten Erde bis in die Blätter in der Baumkrone aus, die im Wind zittern. Dann frage ich danach, wie der Baum mein Dilemma sieht. Das ist immer sehr hilfreich.

Vertiefung

Achtsamkeit auf unsere ständige, durch die Atmung hergestellte Beziehung zu Bäumen und grünen Pflanzen kann uns ein lebendiges Bewusstsein unserer wechselseitigen Verbundenheit mit allen Lebewesen vermitteln. Wenn wir nicht gerade Botaniker oder Baumpfleger sind, geschieht es leicht, dass wir diese nützlichen und allgegenwärtigen Gefährten vergessen. Wenn ein Lebewesen nicht dadurch unsere Aufmerksamkeit erregt, dass es Krach macht, umherläuft, uns seelenvoll in die Augen schaut oder gefährlich ist, dann hören wir auf, es zu bemerken. Würden die Bäume verschwinden, dann würde uns das sehr bald auffallen, denn wir würden alle überhitzen, krank werden und sterben. Ein junger Baum hat die kühlende Wirkung von zehn zimmergroßen Klimaanlagen. Die Bäume arbeiten mit uns zusammen, indem sie das Kohlendioxid aufnehmen, das wir ausatmen, und Sauerstoff freisetzen. Ein Acre[2] Bäume produziert vier Tonnen Sauerstoff im Jahr, genug um 18 Menschen glücklich atmend am Leben zu erhalten.

Etliche Studien haben gezeigt, dass es den Blutdruck senken, Muskeln entspannen, das Niveau von Angst und Zorn verringern, Schmerzen lindern, Stress abbauen und die Genesung nach einer Operation beschleunigen kann, wenn man nur einige Minuten eine Landschaft mit Bäumen betrachtet oder sogar nur Bilder von Bäumen ansieht. Wir Menschenwesen haben uns über 200.000 Jahre in enger Verbindung mit Pflanzen und Bäumen entwickelt. Erst seit wenigen Jahrzehnten leben, arbeiten und pendeln die meisten Menschen in abgeschlossenen Behältern – und verbringen so praktisch den ganzen Tag darin. Wenn wir unsere Verbindung zu den heilenden und nährenden Kräften der Natur verlieren, haben wir darunter zu leiden.

Es kam einmal ein Botaniker zu uns ins Kloster, um uns zu lehren, welche Pflanzen uns umgeben. Während er auf dem Gelände herumging, rief er immer wieder glücklich aus: „Oh, was für ein großer Red-Huckleberry-Busch!" oder „Ahh, ich habe noch nie eine solch große Ansammlung von Gelben Waldveilchen gesehen!" Mir wurde deutlich, dass sich dieser Mann, wo er auch hinging, von Freunden umgeben sah, die ihn begrüßten. Er war nie allein, befand sich immer in der Gesellschaft von Wesen, deren bloßes Dasein ihm Freude bereitete. Ich denke mir, dass es Vogelfreunden ebenso geht, dass sie nie ohne diese wundervollen Begleiter sind.

---

2 Angloamerikanische Maßeinheit, entspricht etwa 4047 Quadratmetern. [Anm. d. Übers.]

Diese Übung der Öffnung unseres Bewusstseins für all die Lebewesen um uns herum kann ein Gegenmittel gegen das so weit verbreitete Gefühl der Einsamkeit sein, von dem viele von uns heimgesucht werden. Selbst in der Stadt sind wir umgeben von Tieren, Vögeln, Pflanzen und Insekten. In unserem Körper leben Milliarden von Lebewesen, die meisten davon wohlwollend. Ihr Leben ist mit dem unseren verknüpft und sie sind so notwendig für unsere Gesundheit wie wir für die ihre. Wenn sich unser Geist verschließt und sich auf die Sorge um das „Ich, mich, mein" reduziert, dann erzeugen wir Einsamkeit. Öffnen wir unser Herz jedoch und sind uns all der Lebewesen bewusst, die mit uns verbunden sind, dann verflüchtigt sich unsere Einsamkeit.

SCHLUSSWORTE: Bitte erinnern Sie sich daran, dass Sie immer von zahllosen Lebewesen unterstützt werden, einschließlich der Bäume. Sie sind nie allein.

19
Lassen Sie die Hände ruhen

DIE ÜBUNG: Entspannen Sie Ihre Hände mehrmals am Tag vollkommen. Lassen Sie sie für wenigstens einige Sekunden in totalem Stillstand ruhen. Eine Weise, dies zu tun, besteht darin, sie in den Schoß zu legen und Ihre Aufmerksamkeit auf die fast unmerklichen Empfindungen in Ihren stillen Händen zu richten.

Gedächtnisstützen

Tragen Sie Ihre Armbanduhr verkehrt herum. Wenn Sie keine Armbanduhr tragen, dann binden Sie sich eine Kordel oder ein Gummiband um das Handgelenk.

Entdeckungen

Unsere Hände sind immer geschäftig. Wenn sie gerade nichts zu tun haben, dann sind sie leicht angespannt, stets bereit, aktiv zu werden.

Die Hände verraten unseren Geisteszustand, ob wir entspannt sind oder uns unwohl fühlen. Vielen Menschen sind unbewusste nervöse Handgesten eigen: Sie reiben oder ringen ihre Hände, berühren ihr Gesicht, klopfen mit den Fingern einen Rhythmus, schnipsen mit den Fingernägeln, lassen die Fingergelenke knacken oder kreiseln mit den Daumen. Menschen, die beginnen zu meditieren, fällt es oft schwer, die Hände stillzuhalten. Sie verändern vielleicht rastlos die Position ihrer Hände, und sobald irgendwo das kleinste Jucken auftaucht, sind die Hände gleich eilig zur Stelle, um zu kratzen.

Wenn wir unsere Hände entspannen, dann entspannt sich auch der Rest unseres Körpers und sogar unser Geist. Die Hände zu entspannen, ist also eine Methode, den Geist zu beruhigen. Wir haben auch herausgefunden, dass wir aufmerksamer zuhören können, wenn unsere Hände still im Schoß liegen.

Als ich diese Übung ausführte, fiel mir auf, dass meine Hände beim Autofahren das Steuer verkrampft umklammert hielten. Jetzt achte ich häufiger auf diese unbewusste Gewohnheit und lockere meinen Griff. Ich habe festgestellt, dass ich das Lenkrad lockerer halten und trotzdem sicher fahren kann. Wenn ich meinen Griff am Steuer gelockert habe, stelle ich oft fest, dass ich nach zehn Minuten wieder wie gewohnt fest zupacke. Darum nennen wir dies eine Achtsamkeits*übung*. Wir müssen sie immer und immer wieder ausführen, um wirklich bewusst zu werden. Wir beginnen mit der Übung und kehren dann zu unserem unbewussten Verhalten zurück, werden uns dessen bewusst, beginnen erneut mit der Übung – und so weiter.

Vertiefung

Körper und Geist arbeiten zusammen. Wenn wir den Geist beruhigen, kann sich der Körper entspannen. Wenn der Körper stillhält, kann auch der Geist still werden. Die Gesundheit beider bessert sich dann.

Für die meisten Aufgaben in unserem Leben ist keine Anspannung notwendig – sie ist bloße Energieverschwendung. Es gibt eine Meditation, die „Körperbetrachtung" oder „Body Scan" genannt wird. Sie kann uns helfen, unbewusste, im Körper lauernde Spannung erst einmal zu entdecken und sie dann zu lindern oder ganz auszuräumen. Das geht folgendermaßen: Sie sitzen still und richten Ihre Aufmerksamkeit von oben nach unten nacheinander auf verschiedene Körperregionen. Welche Empfindung haben Sie von der Kopfhaut und Ihren Haaren? Wenn Sie sich dieser Empfindungen erst einmal bewusst sind, versuchen Sie, überflüssiges Festhalten oder Spannungen aufzuspüren und diese beim Ausatmen sanft zu lockern. Gehen Sie als Nächstes zur Stirn, dann zu den Augen und so weiter, eine Körperpartie nach der anderen. Es ist interessant, zu entdecken, wie viel körperliche Spannung wir in welchen Körperteilen unbewusst aufrechterhalten.

Den Großteil unseres Lebens verbringen wir in zwei körperlichen „Modi": Nachts legen wir uns hin und schlafen entspannt. Wenn der Wecker klingelt, stehen wir auf und schalten in den Modus um, den wir im Laufe des Tages verwenden: aufrecht, angespannt und munter. Es gibt in unserem geschäftigen Leben nur wenige Zeiten, in denen wir sowohl aufrecht *als auch* entspannt sind. (Unglücklicherweise gibt es auch Zeiten, in den wir zwar liegen, aber weder entspannt sind noch schlafen. Stattdessen grübeln wir, ängstigen uns, wälzen uns ruhelos und können nicht einschlafen.)

Wach, munter und entspannt zu sein, ist ein Zustand, den wir vielleicht an einem Ferientag erleben. Wir wachen später als gewöhnlich auf, voll ausgeschlafen, und liegen im Bett, ohne an irgendetwas zu denken oder etwas tun zu müssen. Wir hören die Vögel und die Müllabfuhr, aber in unserem Körper und Geist gibt es keine Spannung. Meine Mutter nannte dies die „Zeit zwischendurch, meine beste Gelegenheit, über wichtige Dinge nachzudenken". Das stimmt, es *ist* die beste Gelegenheit, weil unser Geist dann, unbelastet von den Überlebenssorgen des „Ich, mich, mein", wichtige Dinge tiefer gehend betrachten kann. In der Meditation weiten wir diesen Zwischenzustand bewusst aus. Wir entspannen uns bewusst, während wir aufrecht und wach bleiben. Das ist zuerst nicht ganz leicht. Wir gleiten ab in die Sorge, dass unsere Meditation nicht perfekt ist und wir keine Erleuchtung erlangen werden. Unsere Schultern beginnen vor Anspannung zu schmerzen. Wir werden schläfrig und sind so entspannt, dass wir fast vornüber fallen, bis uns ein Geräusch wieder aufschreckt. Wir brauchen einige Übung, um das Gleichgewicht halten zu können.

SCHLUSSWORTE: Denken Sie daran, die Hände zu entspannen – und damit den ganzen Körper und Geist.

20
Ja sagen

DIE ÜBUNG: Bei dieser Übung sagen wir Ja zu jedermann und zu allem, was geschieht. Wenn Sie den Impuls verspüren, zu widersprechen, fragen Sie sich, ob das wirklich notwendig ist. Können Sie vielleicht einfach nicken oder sogar freundlich schweigen? Wann immer es Sie selbst oder andere nicht in Gefahr bringt, stimmen Sie anderen oder dem, was in Ihrem Leben geschieht, zu.

Gedächtnisstützen

Kleben Sie Sticker mit dem Wort „Ja" in Ihrem Heim und an Ihrem Arbeitsplatz an Stellen, wo sie Ihnen auffallen. Schreiben Sie „Ja" auf Ihren Handrücken, damit Sie es häufig sehen.

Entdeckungen

Diese Übung hilft uns zu sehen, wie oft wir einen negativen Standpunkt einnehmen oder anderen widersprechen. Sind wir fähig, unseren Geist zu beobachten, während jemand mit uns spricht – besonders wenn die Person uns bittet, etwas zu tun –, dann können wir sehen, wie unsere Gedanken Abwehr und Gegenargumente formulieren. Können wir uns dem Wunsch zu widersprechen widersetzen, solange es nicht um etwas Entscheidendes geht? Können wir unsere mentale und körperliche Haltung gegenüber den Dingen, die im Laufe eines typischen Tages auftauchen, beobachten? Ist unser automatischer Gedanke „Aber nein"?

Unsere gewohnheitsmäßige ablehnende Haltung kann sich in Form von Gedanken zeigen („Nein, also da kann ich nicht zustimmen") oder sich in unserer Körpersprache (Anspannung von Muskeln, Verschränken der Arme), unserem verbalen Ausdruck („Was für eine blöde Idee") oder unserem Handeln (Kopfschütteln, Augenrollen, Ignorieren des Sprechenden) niederschlagen.

Menschen aus bestimmten Berufsgruppen tun sich mit dieser Übung besonders schwer. Rechtsanwälte zum Beispiel sind darauf trainiert, Schwächen in einem Vertrag oder Fehler in den Aussagen eines Zeugen oder eines anderen Anwalts zu entdecken. Akademiker sind darauf aus, die Forschungsergebnisse und Theorien anderer Akademiker zu kritisieren. Ihr beruflicher Erfolg kann davon abhängen, ob sie „aggressiv" genug sind. Wenn man diese Haltung jedoch den ganzen Tag lang kultiviert, ist sie nur schwer wieder abzulegen, wenn man am Abend nach Hause kommt.

Ein Mann bemerkte beim Ausführen dieser Übung, dass ein äußerliches „Ja" nicht so stark ist wie eine tatsächlich vorhandene „Nein"-Einstellung im Inneren, und er sagte, die Übung habe ihm geholfen, eine innerlich eingeengte Geistesverfassung zu entdecken. Ein anderer Mann stellte fest, dass er immer dann, wenn eine Bitte an ihn herangetragen wurde, unter Abwägung anderer Erledigungen antwortete – er habe ja doch so viele andere Dinge zu tun. Er fand es befreiend, einfach nur Ja zu sagen und sich so die ganze Mühe zu ersparen, erst eine Entscheidung treffen zu müssen. Die Sache fühlte sich großzügig an. Eine weitere Übende sagte, das Jasagen erzeuge bei ihr ein Gefühl des Wohlbefindens, weil sie dann einfach mit dem Fluss der Menschen, die in ihr Büro kämen, fließen könne, ohne sich dem zu widersetzen. Man kann diese Übung den Umständen entsprechend abändern. Man kann innerlich ein „Ja" zu dem Wunsch der Kinder, auf den Polstermöbeln herumzuspringen, aufrechterhalten und ihre Energie trotzdem zum Spielplatz hin umlenken.

Vertiefung

Die buddhistische Überlieferung beschreibt drei Geistesgifte – Gier, Abneigung und Unwissenheit. Wir haben diese Übung für Zen-Schüler entwickelt, die besonders mit Abneigung zu kämpfen haben –

Menschen, die sich gewohnheitsmäßig gegen das verwahren, was man von ihnen verlangt, und die sich gegen das Leben sträuben. Ihre erste und unbewusste Reaktion auf alles, worum man sie bittet, ist ein „Nein", das entweder in der Körpersprache oder *expressis verbis* zum Ausdruck kommt. Manchmal kommt das „Nein" in Form eines „Ja, aber ..." und manchmal in Form aller möglicher Vernunftgründe, aber es ist und bleibt ein durchgängiges und hartnäckiges Muster des Widerstands.

Menschen, die in Abneigung feststecken, treffen wichtige Entscheidungen in ihrem Leben oft nicht auf der Grundlage einer positiven Entscheidung für ein bestimmtes Ziel, sondern weil sie von etwas Abstand gewinnen wollen, das sie als negativ wahrnehmen. Sie handeln reaktiv und nicht initiativ. „Meine Eltern haben früher ihre Rechnung nicht rechtzeitig bezahlt und man hat uns den Strom abgestellt. Heute will ich Buchhalter werden." Und nicht etwa: „Ich möchte Buchhalter werden, weil ich Zahlen liebe."

Wenn Mönche in ein japanisches Kloster der Soto-Zen-Schule eintreten, dann sagt man ihnen, während des ersten Jahres der Schulung sei die einzig akzeptable Antwort auf eine an sie gerichtete Anweisung „*Hai!* (Ja!)". Das ist eine ungemein wirksame Schulung. Sie durchdringt die Schichten scheinbarer Reife bis hinab zu dem Kern des trotzigen Zweijährigen oder Teenagers im Inneren.

Wenn wir nicht widersprechen, so hilft uns das, von vielen egoistischen Sichtweisen abzulassen und zu sehen, dass unsere persönliche Meinung letztlich nicht so wichtig ist. Es ist überraschend, wie oft unsere Uneinigkeit mit einer anderen Person tatsächlich unwichtig ist und nur dazu dient, unser eigenes Unglück und das der uns Umgebenden zu vergrößern. Ja zu sagen, kann uns mit Energie aufladen, da der gewohnheitsmäßige Widerspruch ein andauernder Energieverlust ist.

SCHLUSSWORTE: Kultivieren Sie eine innere Haltung des „Ja" zum Leben und zu allem, was Ihnen das Leben bringt. Das spart eine Menge an Energie.

21
Die Farbe Blau sehen

DIE ÜBUNG: Achten Sie auf die Farbe Blau, wo immer sie in Ihrer Umgebung auftaucht. Halten Sie nicht nur nach dem Naheliegenden Ausschau, wie etwa dem blauen Himmel, sondern auch nach weniger offensichtlichen Erscheinungsformen sowie allen Schattierungen von Blau.

Gedächtnisstützen

Malen Sie sich mit dem Filzstift einen kleinen blauen Punkt auf den Handrücken oder auf die Innenseite des Handgelenks. Kleben Sie kleine blaue Sticker überall dort in Ihr Haus, wo sie Ihnen auffallen – auf Türen, auf den Kühlschrank und so weiter.

Wenn Sie diese Erinnerungsstützen sehen, halten Sie für einen Moment inne und sehen Sie sich nach der Farbe Blau um. Es kann jede Schattierung von Blau sein, in jeder Größe, von einem kleinen Fleck bis hin zu einer weiten Ausdehnung.

Es kann Ihnen helfen, wenn Sie den Blick weich werden lassen und das Aufscheinen der Farbe Blau „einladen".

Entdeckungen

Diese Übung wurde von einem Schüler vorgeschlagen, der Maler ist und der sich der Farben besonders bewusst ist. Als wir nach einer Woche von unserer Übung berichteten, erklärte er, er sehe Blau in jeder Farbe. In Purpur, Grün, Braun und sogar Schwarz schimmert eine Ahnung von Blau hervor. Die meisten von uns hatten die Farbe Blau an vielen Orten gefunden, an denen sie es nicht erwartet hatten. Es gibt so viele Blautöne, von sehr subtilen bis hin zu ganz offensichtlichen. Wenn man den Blick weich werden lässt, so lässt das alle Farben und Formen aufleuchten.

In manchen Sprachen wird dasselbe Wort für Grün und für Blau benutzt oder auch für Schwarz und Blau. So gibt es zum Beispiel im Japanischen ein altes Wort und ein Schriftzeichen für Blau und Grün *(aoi)*. Ein eigenes Wort für Grün *(midori)* kam erst später, in der Heian-Periode, in Gebrauch und es taucht erst seit der Besetzung Japans nach dem Zweiten Weltkrieg in den Schulbüchern auf. In anderen Sprachen, etwa dem Griechischen, gibt es viele Wörter für verschiedene Schattierungen von Blau – *thalassi* für Meeresblau, *ourani* für Himmelblau, *galzio* für Hellblau und so weiter.

Die Übenden berichten, dass sie das Blau geradezu anzuspringen scheint, wenn sie sich daran erinnern, nach der Farbe Ausschau zu halten. Blaue Objekte scheinen hervorzustechen, so als wären sie stärker dreidimensional. Diese Übung führt auch zu einer neuen Wahrnehmung des Himmels, jenes riesigen blauen Gewölbes, das wir die meiste Zeit ignorieren, obwohl es gewöhnlich einen großen Teil unseres Gesichtsfeldes ausfüllt. Der helle, blaue Himmel befindet sich stets über uns, selbst wenn es wolkig ist oder regnet. Das wird uns klar, wenn wir in einem Flugzeug sitzen, das durch die tief hängenden Wolken in strahlendes Sonnenlicht aufsteigt.

Vertiefung

Wenn wir daran denken, unsere Bewusstheit für die Farbe Blau zu öffnen, dann scheint sie lebendiger und allgegenwärtiger zu werden. Natürlich ist sie das nicht jetzt erst geworden. Sie ist immer deutlich und klar vorhanden. Doch erst wenn wir achtsam sind, wird uns klar, dass das Blau überall in unserem Leben präsent ist.

Wie können wir wissen, dass das, was ich Blau nenne, auch das ist, was Sie sehen? Jeder von uns lebt in seiner eigenen Welt und kein anderer Mensch kann ganz und gar in diese eintreten und sie erfahren. Selbst die Erfahrungen von eineiigen Zwillingen sind einzigartig. So wird denn auch unser ganz spezielles Leben niemals wieder geschehen und wir sind die Einzigen, die es voll und ganz leben können.

Die tibetischen Buddhisten vergleichen unsere Wesensnatur mit dem Himmel, der grenzenlos, leuchtend und klar ist. Die Meditation hilft uns, uns diesen unbegrenzten Geist wieder anzueignen – einen Geist, der in der Lage ist, alles, dem wir uns zuwenden, zu erhellen und tief zu durchschauen. Das Klären unseres Geistes lässt sich mit unserer alltäglichen Erfahrung mit Computerbildschirmen vergleichen. Es passiert immer wieder, dass wir völlig in die faszinierende und komplexe Welt auf dem Bildschirm vertieft sind. Für eine Weile ist das unsere gesamte Realität. Dann lenkt etwas unsere Aufmerksamkeit von dem Bildschirm ab – eine echte Person schaut vorbei, um sich mit uns zu unterhalten. Auf unserem Computerbildschirm taucht ein „Bildschirmschoner" auf, vielleicht ein Foto von einigen weißen Wolken an einem hellblauen Himmel. Unsere Bewusstheit weitet sich plötzlich und wir werden über die enge Welt unseres kleinen, leuchtenden Bildschirms hinausgehoben.

Wenn wir gerade in den faszinierenden und komplexen inneren Bildschirm unseres Geistes vertieft sind, müssen wir uns daran erinnern, dass es eine Alternative gibt. Wir können den vorhandenen Bildschirm auf ein kleines Icon am unteren Rand des Bildschirms des Geistes verkleinern und den friedvollen blauen Himmel des uns innewohnenden grenzenlosen, klaren Geistes öffnen. Einige wenige Gedanken ziehen über den Bildschirm wie dünne, weiße Wolken. Wir werden über die enge Welt des „Ich, mich, mein" hinaus zu einem Ort des Geistesfriedens transportiert. Das kleine Icon unserer Pläne und Sorgen lässt sich jederzeit öffnen, wenn wir wollen.

So wie der blaue Himmel stets über uns ist, auch wenn wir ihn nicht sehen, ist es auch mit unserer vollkommenen ursprünglichen Natur. Selbst wenn unser Bewusstseinszustand wolkig ist und unsere Emotionen regnen, ist unsere ursprüngliche Natur immer vorhanden und leuchtet hell in unserem Inneren und in allen Dingen.

SCHLUSSWORTE: Wir können aus dem dunklen und engen Gefängnis unseres in sich selbst vertieften Geistes ausbrechen und Freiheit im leuchtenden, himmelgleichen Geist finden.

22
Die Fußsohlen

DIE ÜBUNG: Richten Sie Ihre Aufmerksamkeit im Laufe des Tages so oft wie möglich auf Ihre Fußsohlen. Werden Sie sich der Empfindungen in Ihren Fußsohlen bewusst, etwa des Drucks des Fußbodens oder der Erde unter Ihren Füßen. Spüren Sie, ob Ihre Füße warm oder kalt sind. Diese Übung ist besonders wichtig, wenn Sie bemerken, dass Sie ängstlich oder aufgeregt werden.

Gedächtnisstützen

Die klassische Methode der Erinnerung an diese Übung besteht darin, sich einen kleinen Stein in den Schuh zu legen. Eine weniger schmerzhafte – wenn auch wahrscheinlich weniger wirksame – Methode besteht darin, kleine Zettel, auf denen „Füße" steht, vielleicht auch aus Papier ausgeschnittene Umrisse Ihrer Fußsohlen an Stellen zu legen, an denen Sie sie sehen werden. Sie können auch Ihr Handy oder einen anderen Timer so einstellen, dass er im Verlauf des Tages in bestimmten Abständen klingelt, und Ihre Aufmerksamkeit dann, wenn Sie den Ton hören, auf Ihre Fußsohlen richten.

Entdeckungen

Durch diese Achtsamkeitsübung bemerken die Leute, dass sie gewöhnlich gehen, ohne besonders auf ihre Füße zu achten, solange ihnen die Füße nicht wehtun oder sie stolpern. Ist jemand in seine Gedanken verstrickt, so hilft es ihm, seinen Geist zu beruhigen, wenn er seine Aufmerksamkeit vom Kopf in die Füße verlagert. Dazu kommt es wahrscheinlich, weil unsere Fußsohlen so weit wie möglich von unserem Kopf entfernt sind, in dem wir unser „Ich" zumeist lokalisiert glauben. Wir identifizieren uns sehr stark mit unseren Gedanken und schreiben unserem Geist/Gehirn einen überlegenen Status zu. Viele von uns betrachten den Körper unbewusst als einen bloßen Diener des Gehirns – der Körper ist mit Füßen ausgestattet, damit diese den alles beherrschenden Verstand herumtragen können, und er hat Hände, damit er sich das anzueignen vermag, was der Geist zu brauchen glaubt, etwa ein Stück Kuchen.

In unserem Kloster beginnen wir die Mahlzeiten oft damit, dass wir in Stille sitzen und unsere Aufmerksamkeit auf unsere Fußsohlen lenken. Das hilft uns, Achtsamkeit in unser Essen zu bringen. Wir haben auch herausgefunden, dass unser Gleichgewichtssinn besser wird und wir sicherer auf den Füßen sind, wenn wir uns unserer Fußsohlen bewusst sind.

In den Kampfkünsten und im Yoga wird eine Bewusstheit der Füße betont, eine mentale Ausweitung der Empfindung einer Verbindung mit unseren Wurzeln tief in der Erde. Dies führt sowohl zu körperlicher Stabilität als auch zu geistigem Gleichmut. Wenn wir ängstlich sind, wird unser Geist aktiv wie ein Hamster in seinem Laufrad; er rennt vor sich hin und versucht herauszufinden, wie er dem mentalen oder körperlichen Unwohlsein entgehen kann. Wenn sie diese Übung praktizieren, entdecken die Leute oft, dass der Fluss der sich ständig verändernden körperlichen Empfindungen ihren Geist vollkommen ausfüllt und dass es keinen Platz mehr für Gedanken gibt, wenn sie all der winzigen Empfindungen in ihren Fußsohlen gewahr werden. Sie fühlen sich weniger kopflastig, besser verankert, sodass sie nicht so leicht von Gedanken und Emotionen herumgestoßen werden. Die Aufmerksamkeit in die Fußsohlen absinken zu lassen, klärt den Geist und löst die Wolken der Ängstlichkeit auf.

Vertiefung

Unser Geist liebt es, zu denken. Er glaubt, er würde seiner Aufgabe, uns zu lenken und zu beschützen, nicht gerecht, wenn er *nicht* denkt. Doch wenn unser Geist überaktiv wird, geschieht das genaue Gegenteil. Seine Leitlinien werden scharf, vielleicht sogar grausam, und seine ständigen Warnungen machen uns ängstlich. Wie können wir dem denkenden Geist seine angemessene Stellung und Perspektive zuweisen? Wir gehen im Geist vom Denken zum Gewahrsein über und beginnen mit einem vollen Gewahrsein des Körpers.

Ein wesentlicher Aspekt der Zen-Übung ist die Gehmeditation, die Kinhin genannt wird. Wir praktizieren sie ohne Schuhe, sodass die Empfindungen in den Fußsohlen besonders stark sind. Gehmeditation hilft uns, den stillen Körper-Geist der Sitzmeditation in unsere gewöhnliche aktive Welt einzubringen. Stilles Gehen ist eine Brücke zwischen einer Seite der Meditation – dem stillen Sitzen in reinem Gewahrsein – und dem Sprechen und Herumgehen. Es ist nicht so leicht, den Geist stillzuhalten, während wir gehen. Jede Bewegung des Körpers scheint eine Bewegung des Geistes mit sich zu bringen.

Doch wir können uns selbst herausfordern. Kann ich meinen Geist beim Gehen für ein oder zwei Runden im Meditationsraum still und auf die Fußsohlen ausgerichtet halten? Oder für die ganze Länge eines Spazierpfades im Freien? Oder von hier bis zur nächsten Ecke?

SCHLUSSWORTE: Übt man sorgfältig, die Aufmerksamkeit in die Fußsohlen zu verlagern, so führt das zu geistiger Stabilität und emotionaler Gelassenheit.

23
Leerer Raum

DIE ÜBUNG: Verlagern Sie Ihre Aufmerksamkeit so oft wie möglich von den Objekten hin zu dem Raum um die Objekte herum. Wenn Sie zum Beispiel in einen Spiegel sehen, achten Sie auf den Raum um das Bild Ihres Kopfes herum. Achten Sie in einem Zimmer eher auf die leeren Zwischenräume als auf die Möbel, die Menschen oder andere sichtbare Objekte.

Gedächtnisstützen

Legen Sie unbeschriebene Papierstücke oder Notizzettel, auf denen „Raum" steht, an Stellen, an denen sie Ihnen auffallen.

Entdeckungen

Gewöhnlich ist unsere Aufmerksamkeit auf Objekte ausgerichtet. In einem Haus konzentrieren wir uns auf Menschen, Tiere, Möbel, Geräte, Teller und so weiter. Auch draußen haben wir einen Tunnelblick und konzentrieren uns auf Gebäude, Bäume und Pflanzen, Fahrzeuge, Tiere, Straßen, Verkehrszeichen und Menschen. Es bedarf einer gewissen Bemühung, unsere Aufmerksamkeit auf den Raum um all diese Objekte herum oder innerhalb eines Zimmers zu verlagern. Den Geist für diesen Raum zu öffnen, ist irgendwie beruhigend. Sind unsere Ängste vielleicht mit Objekten verbunden?

Wenn man diese Übung regelmäßig praktiziert, kann sie sich als wirksames Werkzeug des Gewahrseins erweisen. Eine Schülerin merkte an, das Ikebana, die japanische Kunst des Blumensteckens, habe ihr geholfen, sich des Raumes bewusst zu werden. „Ich lerne, den Raum zu sehen, der ebenso wichtig ist wie die Objekte in diesem Raum. Der Raum verhindert, dass alles zusammenklebt, und hilft, die Schönheit der Blätter, Zweige und Blüten zu offenbaren." Auf ähnliche Weise verhindert Raum in unserem Geiste, dass alle Dinge von einem „Gedanken-Dickicht" überwuchert werden, und er offenbart die Schlichtheit und Schönheit von allem, was wir sehen. Ein anderer Übender fügte hinzu: „Wenn ich auf den Raum um ein Objekt herum achtete, so stach er plötzlich hervor und wurde lebendiger. Ich habe auch bemerkt, dass die Funktion von Stühlen und vielen anderen Dingen vom leeren Raum abhängt." Ein anderer sagte: „Da war auf einmal eine Kontinuität; es war, als sei alles durch den Raum verbunden und befinde sich mit mir in Meditation."

Einem Übenden, der seine Erfahrung beschrieb, standen Tränen in den Augen: „Wenn ich daran dachte, auf den Raum zu achten, so war es, als würden die Wände sich weiten und als gäbe es mehr Raum um alle Dinge herum. Ich beschloss, dies auch auf meine Gedanken anzuwenden, und plötzlich gab es auch Raum um sie herum. Meine Empfindung des ‚Ich bin' fiel weg – sie war nur noch ein Gedanke, der in einem weiten Raum schwebte. Aber dann sagte mein Geist: ‚Fantastisch!', und das schwere Ichgefühl bildete sich erneut." Eine andere Person war überrascht, Raum um ihre Gefühle herum zu finden und zu erkennen, dass sie weder ihre Gedanken noch ihre Gefühle ist.

Vertiefung

Unsere Identität ist eng mit Objekten verbunden, mit Objekten, die unsere Ich-Empfindung verstärken. „Ich bin ein Büchersammler", „Ich habe die neueste Spielekonsole", „Ich habe wunderbare Kunst an meinen Wänden hängen", „Ich habe fünf Katzen". Wir verbringen den ganzen Tag damit, uns mit Objekten zu befassen. Unsere Wünsche sind auf Dinge, Tiere und Menschen ausgerichtet, von denen wir uns wünschen, dass sie den Raum um uns herum ausfüllen. Wir halten selten inne und sehen den Hintergrund, den leeren Raum, der den größten Teil eines Zimmers, eines Gebäudes oder einer Landschaft ausmacht. Wenn es uns gelingt, unsere Aufmerksamkeit auf den Raum um die Objekte herum zu verlagern, führt das zu einem Aufatmen.

Es ist ebenso wichtig, den Raum wahrzunehmen, der in unserem Geist existiert. Gelingt es uns, Gedanken loszulassen und des Geistgrundes hinter den Gedanken gewahr zu werden, führt das augenblicklich zu einem Gefühl der Erleichterung. Unser Leiden ist mit Objekten verbunden, mit dem Verlangen, sie zu erhalten, sie zu behalten, sie zu verändern oder sie loszuwerden. Wann immer wir an Objekten festhalten – seien es nun körperliche Objekte oder geistige Objekte wie Gedanken und Gefühle –, halten wir an den Samen des Leidens fest. Vermögen wir unseren Griff zu lockern, unseren Blick umzukehren und uns des Hintergrundes der Leere, der Möglichkeiten bewusst zu werden, dann können wir verhindern, dass Unwohlsein und Sorge in uns wachsen.

Einige christliche Mystiker nennen Gott den Wesensgrund. In diesem Grund zu ruhen, fühlt sich an, als fänden wir den Weg in unsere Heimat zurück. Dies ist das Gewahrsein, das wir vor unserer Geburt und während der wenigen Monate nach unserer Geburt hatten, bevor Worte und dann Ideen und dann Gefühle unseren Geist auszufüllen und zu überschatten begannen. Meditation und Gebet beruhigen den Geist und führen uns zurück zu diesem Urgrund.

SCHLUSSWORTE: Lassen Sie Ihren Geist geräumig werden. Lassen Sie sich nicht von seinem Inhalt ablenken oder täuschen.

24
Ein Bissen nach dem anderen

DIE ÜBUNG: Dies ist eine Achtsamkeitsübung, die Sie beim Essen praktizieren. Nachdem Sie einen Bissen genommen haben, legen Sie den Löffel oder die Gabel zurück auf den Teller. Richten Sie Ihre Aufmerksamkeit in den Mund, bis Sie diesen einen Bissen genossen und heruntergeschluckt haben. Nehmen Sie das Besteck erst dann wieder auf und nehmen Sie einen weiteren Bissen. Wenn Sie mit den Händen essen, dann legen Sie das Butterbrot, den Apfel oder den Keks zwischen den einzelnen Bissen wieder ab.

Gedächtnisstützen

Befestigen Sie an Ihren Essplätzen Notizzettel mit den Worten „Ein Bissen nach dem anderen" oder das Bild eines Löffels oder einer Gabel mit dem Wort „Ablegen".

Entdeckungen

Dies ist eine der herausforderndsten Achtsamkeitsübungen, die wir in unserem Kloster praktizieren. Bei dem Versuch, diese Übung auszuführen, entdecken die meisten Menschen, dass sie es gewohnt sind, einen Bissen ihres Essens mit weiteren Bissen zu „überlagern". Das heißt, sie nehmen einen Bissen in den Mund, lenken ihre Aufmerksamkeit dann vom Mund ab, während sie weiteres Essen auf den Löffel oder die Gabel schaufeln, um dann einen weiteren Bissen zum Mund zu führen, bevor sie den ersten Bissen heruntergeschluckt haben. Oft schwebt auch eine Hand, die einen weiteren Bissen zum Mund führt, in der Luft, während der vorige Bissen gekaut wird. Sie bemerken, dass die Hand gleich wieder die Kontrolle übernimmt und weitere Bissen zu dem erst teilweise gekauten Bissen hinzufügt, sobald ihr Geist abschweift. Es ist erstaunlich, wie schwierig es sein kann, eine solch einfache Übung auszuführen. Es braucht Zeit, Geduld, Ausdauer und Sinn für Humor, um alte Gewohnheiten zu verändern.

Die Verdauung von Essen kann bereits im Mund beginnen, wenn wir unser Essen gut kauen und es mit Speichel vermischen, der Verdauungsenzyme enthält. Je früher die Verdauung beginnt, desto früher werden Sättigungssignale an das Gehirn ausgesandt und desto früher fühlen wir uns satt. Je früher wir uns satt fühlen, desto besser können wir die Menge der Nahrung regulieren, die wir uns auf den Teller tun und die wir dann aufnehmen.

Zwischen den Bissen das Besteck abzulegen, gehörte einmal zu guten Umgangsformen. Es wirkt der Neigung entgegen, das Essen herunterzuschlingen. Eine Person rief nach dem Praktizieren dieser Übung aus: „Mir ist klar geworden, dass ich mein Essen nie richtig kaue. Ich schlucke es fast unzerkaut herunter, weil ich es so eilig habe, den nächsten Bissen einzufahren!" Sie musste sich fragen: „Warum habe ich es so eilig, eine Mahlzeit zu beenden, obwohl ich das Essen doch so liebe?"

Vertiefung

Dies ist tatsächlich eine Übung, die uns unsere Ungeduld bewusst macht. Schnell zu essen und einen Bissen mit dem nächsten zu überlagern, ist ein spezieller Fall von Ungeduld. Das Praktizieren dieser Übung kann dazu führen, dass Sie das Auftauchen von Ungeduld auch in anderen Bereichen und Aspekten Ihres Lebens erkennen. Werden Sie ungeduldig, wenn Sie warten müssen? Wir müssen uns selbst fragen: „Warum eile ich so durch mein Leben, obwohl ich es doch eigentlich gern genießen würde?"

Einen Bissen oder einen Schluck nach dem anderen zu erfahren, ist eine Weise, einen Moment nach dem anderen zu erfahren. Da wir wenigstens dreimal am Tag essen oder trinken, gibt uns dieses Achtsamkeitswerkzeug viele Gelegenheiten, Achtsamkeit in unseren Alltag einzubringen. Das Essen ist an sich etwas Genussvolles, doch wenn wir schnell und ohne Achtsamkeit essen, dann erfahren wir diesen Genuss nicht. Die Forschung hat gezeigt, dass die Menschen ihr Lieblingsessen paradoxerweise schneller essen als etwas, das sie nicht mögen! Zwangsesser berichten auch, dass sie immer weiteressen, weil sie die Lust des ersten Bissens erneut erleben wollen. Da die Geschmacksrezeptoren jedoch schnell ermüden, kann das niemals funktionieren.

Ist unser Geist abwesend und denkt über die Vergangenheit oder Zukunft nach, dann schmecken wir unser Essen nur halb. Wenn unsere Aufmerksamkeit im Mund bleibt und wir während des Essens völlig präsent sind, wenn wir langsam essen und zwischen den einzelnen Bissen eine Pause machen, dann kann jeder Bissen so sein wie der erste, reich an Geschmack und voller interessanter Empfindungen.

Sucht man Lust ohne Achtsamkeit, so ist das, als liefe man in einer Tretmühle. Achtsamkeit macht es möglich, dass Lust in tausend kleinen Momenten unseres Lebens aufblüht.

SCHLUSSWORTE: Im Mund kann kein Fest stattfinden, wenn der Geist nicht dazu eingeladen ist.

25

Endloses Verlangen

DIE ÜBUNG: Werden Sie sich so oft am Tag wie möglich des Auftauchens von Verlangen bewusst.

Gedächtnisstützen

Befestigen Sie an in Ihrem Alltag strategisch günstigen Stellen Notizen mit der Frage „Was ist genau jetzt mein Verlangen?".

Entdeckungen

Menschen, die diese Übung ausgeführt haben, berichten, sie hätten Verlangen immer nur mit Nahrung oder Sex in Verbindung gebracht. Doch nach eigener Bekundung fand ein Mann, als er darauf achtete, heraus, dass im Laufe des Tages ständig Verlangen in ihm auftauchte – vom Moment des Aufwachens bis zum letzten bewussten Moment vor dem Einschlafen. Wenn der Wecker klingelt, haben wir das Verlangen nach mehr Schlaf. Wenn wir in die Küche gehen, taucht das Verlangen nach Kaffee auf. Am Abend verlangen wir danach, uns hinlegen zu können. Und so weiter.

Viele Menschen sind überrascht herauszufinden, dass sie eine Anhäufung von Verlangen sind, das nur sehr oberflächlich als „Rationalität" verkleidet ist.

Die Tyrannei des Verlangens beginnt schon sehr früh in unserem Leben. Eine halbe Stunde nach dem Frühstück schaukelt meine zweijährige Enkelin glücklich draußen im Garten, und plötzlich runzelt sie die Stirn und erklärt: „Ich will ein Eis!" Nur wenig später heißt es dann: „Ich will Schokoladenrosinen!" Sie hat auch gelernt, dass die Aussage „Ich brauche …" eher bewirkt, dass ihr Verlangen befriedigt wird, als die Aussage „Ich möchte …". Sie ist dermaßen leicht zu durchschauen, dass man fast zusehen kann, wie die Wolken des Verlangens durch ihren sonnigen Geist ziehen und ihn verdunkeln. Es kann den Erwachsenen sehr viel Entschlossenheit und Geduld abverlangen, sie von ihrem Verlangen abzulenken und sie aus seinen Fängen zu befreien.

Wir alle wissen, dass uns das Verlangen hartnäckig wie eine Klette anhängen kann. In dieser Hinsicht unterscheiden wir uns nicht sehr von einem Kleinkind. Wir gehen vielleicht gerade ganz zufrieden durch ein Einkaufszentrum, und plötzlich riechen wir Zimtschnecken. Wir können zusehen, wie unser Verlangen aufzusteigen und an uns zu zerren beginnt und wie es Verhandlungen und Rationalisierungen in unserem Geist auslöst. Es braucht Entschlossenheit, um diesen inneren Dialog zu beenden und den Lauf des Geistes auf etwas Gesünderes umzulenken.

Vertiefung

Im Grunde ist nichts Falsches am Verlangen. Das Verlangen hält uns am Leben. Hätten wir kein Verlangen nach Nahrung, Getränken oder Schlaf, dann würden wir bald sterben. Hätten wir kein Verlangen nach Sex, so gäbe es keine Menschen, keinen Buddha, keine Propheten, keinen Jesus. Es ist zum Beispiel nichts falsch daran, ein Verlangen nach Essen zu haben, wenn man hungrig ist, und sich beim Essen an der Nahrung zu freuen. Halten wir jedoch danach immer noch an dieser Lust fest sowie an dem Essen, das uns diese Lust beschert hat, dann begeben wir uns auf den Weg zum Leiden. „Diese Eiscreme war so köstlich, ich brauche noch eine weitere große Portion davon." Oder, um noch einen draufzusetzen: „Ich habe so hart gearbeitet, ich verdiene noch eine weitere Portion."

Indem wir beobachten, wie oft das Verlangen im Laufe eines Tages auftaucht, holen wir es aus dem unbewussten Bereich hervor, wo es uns kontrolliert und unser Verhalten lenkt, ohne dass wir es bemerken. Aus „Ich möchte/brauche/verdiene ein Eis" wird bald „Wie habe ich nur so schnell fünf Kilo zugenommen?". Aus „Ich fühle mich einsam und möchte/brauche/verdiene jemanden, der mich liebt" wird „Warum habe ich bloß mit diesem Typen geschlafen?". Wird das Verlangen in das Scheinwerferlicht unseres Bewusstseins gehoben, dann können wir es wahrnehmen und die bewusste Entscheidung treffen, ob es gut für uns ist, ihm zu folgen oder nicht.

Einer der Gründe für die Wirkungsmacht des Verlangens ist, dass es uns das Gefühl gibt, lebendig zu sein. Wenn unser Geist etwas, das er begehrt, unbedingt haben will, dann sind wir wie Jäger, die sich an eine Beute anschleichen – hellwach und voller Energie. Wenn wir daran denken, ein neues Auto zu kaufen, beginnen wir überall Autos zu sehen. Wir sprechen mit Freunden und Autoverkäufern über Autos und lesen Testberichte im Internet. Schließlich kaufen wir ein Auto. Glücklich kutschieren wir unser neues Gefährt durch die Gegend. Aber wie lange hält diese Freude an? Höchstens einige Wochen oder Monate. Dann ist es nur noch ein weiteres Auto und wir richten den Blick auf etwas anderes, vielleicht einen neuen Computer. Das Verlangen selbst kann etwas Lustvolles sein, während die Befriedigung des Verlangens enttäuschend sein mag, was ein Grund dafür ist, warum die Leute ständig auf der Jagd sind, sei es nach einem neuen Auto, einem neuen Partner oder einem neuen Geschmack. Eben diese Ruhelosigkeit ist die Quelle großen Leidens und großen Unbefriedigtseins.

SCHLUSSWORTE: Wenn Sie unglücklich sind, finden Sie heraus, woran Sie festhalten, und lassen Sie es los.

26
Das Leiden studieren

DIE ÜBUNG: Achten Sie im Laufe des Tages auf das Phänomen des Leidens. Wie erkennen Sie es in sich selbst und in anderen? Wo ist es am offensichtlichsten? Was sind seine milderen, was seine intensiveren Formen?

Gedächtnisstützen

Befestigen Sie an geeigneten Stellen Notizzettel, auf denen „Studiere das Leiden" steht, oder Fotos von unglücklichen Menschen.

Entdeckungen

Das Leiden ist überall. Wir sehen es in den ängstlichen Gesichtern der Menschen, hören es in ihrer Stimme oder sehen es in den Nachrichten. Wenn wir das Leiden studieren, dann können wir es in unseren eigenen Gedanken hören, es in unserem eigenen Körper fühlen, es in dem Gesicht im Spiegel sehen. Die Menschen beginnen diese Übung oft mit dem Gedanken an das Leiden in seinen extremen und offensichtlichen Formen, etwa beim Tod eines geliebten Menschen oder bei Kindern, die zu Kriegsopfern geworden sind. Wenn im Laufe der Übung die Bewusstheit zunimmt, entdecken sie, dass es ein Spektrum des Leidens gibt, von leichter Irritation und Ungeduld bis hin zu Wut oder überwältigendem Kummer.

Wir begegnen nicht nur dem Leiden anderer Menschen, sondern auch dem von Tieren. Wir sehen das Leiden geliebter Menschen, aber auch das Leiden von Fremden auf der Straße. Das Leiden ergießt sich durch das Radio, das Fernsehen und das Internet in unser Herz und unseren Geist.

Es gibt einen Unterschied zwischen Schmerz und Leiden. Schmerz ist die unangenehme körperliche Empfindung, die alle menschlichen Körper, ja in der Tat alle fühlenden Wesen erfahren. Leiden ist das mentale und emotionale Unglück, das zu diesen körperlichen Empfindungen hinzugefügt wird. Der Buddha studierte das Leiden viele Jahre lang ausführlich, und er entdeckte, dass körperlicher Schmerz unvermeidbar ist, dass das vom Geist hinzugefügte Leiden jedoch nicht sein muss. Allerdings muss es nur dann nicht sein, wenn Sie die geeigneten Werkzeuge besitzen, um mit dem Geist zu arbeiten, und wenn Sie diese sorgfältig anwenden.

Wenn wir zum Beispiel Kopfschmerzen haben, können wir denken: „Nun gut, ich habe ein vorübergehendes Unwohlsein in diesem Körperteil." Oder wir können denken:

„Dies ist schon das zweite Mal in dieser Woche, dass ich Kopfschmerzen habe." [Die Vergangenheit in die Gegenwart hineinziehen.]

„Ich bin sicher, dass es noch schlimmer wird, wie das auch vorher schon der Fall gewesen ist." [Künftige Ereignisse vorhersagen und sie vielleicht hervorrufen.]

„Ich halte das einfach nicht aus." [Tatsächlich haben Sie schon vorher solche Schmerzen ausgehalten und werden es auch künftig tun.]

„Was ist mit mir nicht in Ordnung?" [Nichts. Sie sind ein menschliches Wesen mit einem Körper.]

„Habe ich vielleicht einen Gehirntumor?" [Äußerst unwahrscheinlich, aber Sie können sich noch sehr viel schlimmere Kopfschmerzen bereiten, wenn Sie sich solche Sorgen machen.]

„Vielleicht ist es der Stress, den ich am Arbeitsplatz habe. Mein Chef ist wirklich unmöglich ..." [Nach einem Sündenbock suchen.]

Hilft geistiger Stress vielleicht, den körperlichen Schmerz zu heilen? Nein, er macht ihn nur noch schlimmer und verlängert ihn. Wir haben ein einfaches, vorübergehendes körperliches Unwohlsein genommen und es zu einem Haufen Leiden gemacht.

Vertiefung

Das Leiden hat auch gewisse Vorteile. Würden wir niemals Leiden erfahren, dann würden wir weiter vor uns hin leben und wären nicht motiviert, uns zu wandeln. Unglücklicherweise scheint es wahr zu sein, dass wir dann die größte Motivation zu einer Veränderung haben, wenn wir am unglücklichsten sind.

Wenn wir den Geist daran hindern, Amok zu laufen, zu spekulieren, sich Katastrophen auszumalen und nach einem Sündenbock zu suchen, den wir für unser Unglück verantwortlich machen können, dann erfahren wir einfach die körperlichen Aspekte dessen, was wir „Schmerz" nennen. Wenn wir diesen Schmerz einfach erfahren, ja genau untersuchen und all seine Eigenschaften unterscheiden, dann muss er nichts „Unerträgliches" sein, sondern kann zu etwas sehr Interessantem werden. Welche Größe hat der Kern des Schmerzes? Wo ist er genau anzusiedeln – ober- oder unterhalb der Schädeldecke? Wie ist seine Beschaffenheit – schneidend, dumpf, stechend oder gleichmäßig? Wenn er eine Farbe hätte, welche wäre es dann? Ist er durchgehend oder mit Unterbrechungen? Wenn sie aufhören, sich gegen den Schmerz zu wehren, und ihn auf diese Weise untersuchen, dann berichten die Leute oft von interessanten Entdeckungen. Durch Widerstand setzt sich der Schmerz nur fest. Wenn wir zu dem einfachen körperlichen Unwohlsein nicht noch mentalen und emotionalen Stress hinzufügen, dann steht es dem Schmerz frei, sich zu verändern und sogar aufzulösen.

Das Leiden lässt auch Mitgefühl in unserem Herzen entstehen. Als mein erstes Kind geboren wurde, wurde damit auch ein neues Bewusstsein der Zerbrechlichkeit des Lebens geboren und ich weinte für all die unbekannten Frauen auf der Welt, die ein Kind verloren haben. Wenn wir Schmerz oder Unwohlsein erfahren, ist dies genau die richtige Zeit, um die Ausrichtung unserer Aufmerksamkeit von innen nach außen zu verlagern und die Übung der liebenden Güte für all jene Menschen zu praktizieren, die auf dieselbe Weise leiden, wie wir das eben jetzt tun. Wenn wir zum Beispiel an Grippe erkrankt sind, könnten wir sagen: „Möge es all jenen Menschen, die heute krank im Bett liegen, einschließlich meiner selbst, gut ergehen. Mögen wir alle ausruhen und uns schnell wieder erholen."

So, wie uns das Kranksein hilft, die Gesundheit wertzuschätzen, werden wir uns dann, wenn wir uns der vielen Arten des Leidens bewusst werden, ebenfalls seines Gegenteils bewusst, der vielen einfachen Quellen des Glücks – der vollkommenen Wimpern eines Babys, des Geruchs der ersten Regentropfen auf einer staubigen Straße, der schrägen Sonnenstrahlen, die durch die Vorhänge eines stillen Zimmers dringen.

Schlussworte: Das Leiden gibt uns die Motivation, uns zu wandeln. Ob diese Veränderung positiv oder negativ ist, liegt an uns. Das Leiden gibt uns auch das Geschenk der Einfühlung in all jene, die ebenso leiden, wie wir es tun.

27
Alberne Gänge

Die Übung: <u>Gehen</u> Sie mehrfach am Tag auf eine irgendwie <u>alberne Weise</u> – besonders dann, wenn Ihr Bewusstseinszustand nicht optimal ist. Die einfachsten Arten des albernen Gehens sind: das <u>Rückwärts</u>gehen, das <u>Springen</u>, das <u>Auf-einem</u>-Bein-<u>Hüpfen</u>.

Beobachten Sie, was währenddessen mit Ihrem Bewusstseinszustand oder Ihrer Stimmung passiert.

Gedächtnisstützen

Kleben Sie sich auf die Spitze eines Schuhs ein auffälliges Klebeband.

Wenn Ihnen die Markierung auffällt, dann schätzen Sie Ihre Stimmung ein und bewerten Sie sie auf einer Skala von 1 bis 10 (wobei 1 „miserabel" und 10 „sehr glücklich" ist). Machen Sie dann einen albernen Gang und schätzen Sie Ihre Stimmung erneut ein. Hat sich etwas verändert?

Wenn Sie eine Inspiration brauchen, dann suchen Sie auf YouTube oder anderen Internetseiten nach dem Sketch von Monty Python mit dem Titel „The Ministry of Silly Walks" („Das Ministerium für alberne Gänge").

Entdeckungen

Die Übung wurde von Monty Pythons Sketch „The Ministry of Silly Walks" inspiriert. Nachdem wir ihn gesehen hatten, alberten wir herum und erfanden neue Arten des albernen Gehens. Es zeigte sich, dass die albernen Gänge eine der schnellsten Methoden darstellen, die eigene Stimmung sowie die Stimmung derjenigen, die Ihnen zuschauen, zu verändern. Versuchen Sie Ihre Kinder dazu zu bringen, es damit zu versuchen, wenn sie gerade unleidlich sind!

Das Vermögen, Bewusstseinszustände zu verändern, die zum Negativen oder Depressiven hin tendieren, stellt eine lebenswichtige Fertigkeit dar. Bis wir die Kunst beherrschen, Bewusstseinszustände mit unserem Geist zu verändern, müssen wir oft auf die Hilfe des Körpers zurückgreifen. Alberne Gänge funktionieren, weil, wie wir im Zen sagen, Körper und Geist nicht zwei sind. Sie sind nicht voneinander getrennt oder unabhängig voneinander.

Vertiefung

Wir können uns nicht darauf verlassen, dass andere Menschen oder Dinge außerhalb von uns unsere schwierigen Gefühle verändern. Warum nicht? Zuerst einmal, weil eine andere Person den Zustand unseres Herzens niemals wirklich erfahren und kennen kann. Außerdem sind Menschen das, was der Buddha „konditionierte Dinge" nannte. Dies bedeutet, dass sie vergänglich sind. Sie werden sich verändern, werden verschwinden oder sterben. Auf jeden Fall können sie nicht jederzeit verfügbar sein, etwa wenn wir während einer Prüfung in Panik geraten oder nach einem schwierigen Vorstellungsgespräch unglücklich sind.

Der Buddha empfahl seinen Anhängern: „Seid euch selbst ein Licht." Das heißt, dass wir lernen können, das strahlende Licht unseres erwachten Geistes einzuschalten und es zu benutzen, um das, was im Getriebe des Ichs geschieht, objektiv zu betrachten. Mithilfe dieses klaren Geistes können wir beobachten, wann und wie das kleine Ich nicht optimal funktioniert, und wir können lernen, dies zu korrigieren.

Wenn wir lernen, selbst eine ungesunde Stimmung zu verändern, statt ein Opfer unserer sich ständig wandelnden Gefühle und Gedanken zu sein, dann werden wir zu dem, was man im Zen den „Meister im eigenen Haus" nennt. Mit sorgfältiger Übung können wir zuversichtlich sein, dass wir in der Lage sind, unsere Gedanken und Stimmungen so zu verändern, wie es der jeweiligen Situation angemessen ist. Dann beginnt unsere Angst davor, ein Mensch zu sein, der inmitten von ständigem und unvorhersehbarem Wandel lebt, sich aufzulösen. Wir erfahren eine Kostprobe von wahrer Befreiung – der Befreiung von der Tyrannei unseres Ichs und seiner sich verändernden Emotionen.

Diese Übung erinnert uns daran, uns selbst nicht zu ernst zu nehmen. Die albernen Gänge lenken unseren Geist von unserer Beschäftigung mit uns selbst und unseren Schwierigkeiten ab und verändern unseren Blickwinkel. Der japanische buddhistische Meister Shonin sagte, viele Menschen seien „närrische und unwissende Wesen". Wenn wir uns eingestehen, dass wir Narren sind, und wenn wir willens sind, närrisch zu sein, dann eröffnen sich uns viele neue Möglichkeiten.

SCHLUSSWORTE: Wir können lernen, unsere ungesunden Stimmungen und Gedanken selbst zu verändern, ohne Zubehör oder Ausgaben. Dazu sind – wie bei jeder Fertigkeit – Zeit und viel Übung erforderlich.

28
Wasser

DIE ÜBUNG: Öffnen Sie Ihre Bewusstheit für Wasser in all seinen Erscheinungsformen – sowohl innerhalb als auch außerhalb Ihres Körpers und Ihrer Wohnung. Werden Sie sich der Flüssigkeit in Nahrungsmitteln, in Getränken und in Ihrer Umgebung bewusst.

Gedächtnisstützen

Hängen Sie Zettel mit dem Wort „Wasser" oder Bilder von Wassertropfen auf. Sie können auch an strategischen Stellen kleine, mit Wasser gefüllte Schalen aufstellen.

Entdeckungen

Wenn wir diese Übung ausführen, wird uns klar, dass Wasser überall ist. Es ist in uns, im Speichel, in den Tränen, im Blut, im Urin, in den Magensäften, in der Gelenkflüssigkeit und in den Sexualsekreten. Wir bestehen zu 70 Prozent aus Wasser; ohne Wasser wären wir nur ein kleiner Haufen trockener Zellen und Salze. Ohne die Aufnahme von Wasser wären wir innerhalb weniger Tage tot. Wir nehmen den ganzen Tag über Wasser auf, in Tee und Mandarinen, in grünem Salat und in der Suppe. Es ist außerhalb von uns in Pfützen, in feuchter Erde, in Blättern, Tau und in der Flüssigkeit zur Reinigung unserer Windschutzscheibe. Es ist über uns in den Wolken. Es strömt unter uns in der Erde in der Kanalisation, in Wasserröhren und im Grundwasser.

Wenn wir unsere Bewusstheit für Wasser öffnen, wird uns klar, was für eine wunderbare Substanz das ist. Es ist transparent, kann jedoch unendlich viele Farbtöne annehmen. Es passt sich jedem Behälter an. Es ist ein unsichtbares Gas, das wir ein- und ausatmen, ohne es zu bemerken, eine durchscheinende Flüssigkeit, die wir an einem heißen Tag voller Dankbarkeit trinken; es kommt in Form von weißen Schneeflocken, die eine Decke über all das Hässliche breiten, was der Mensch hervorbringen kann; oder es macht eine Oberfläche so glitschig, dass wir nicht darauf gehen oder darüber fahren möchten.

Gewöhnlich achten wir nicht auf das Wasser, bis es zu einem Problem wird – das Wasser wird abgestellt, die Toilette fließt über oder auf dem Weg zur Arbeit ist die Straße überflutet. In den entwickelten Ländern halten wir sauberes Trinkwasser für selbstverständlich, doch der Buddha, der vor über 2500 Jahren in einem heißen Land mit schlechten hygienischen Bedingungen lebte, bezeichnete sauberes Wasser zum Waschen und Trinken als eines der größten Geschenke. Heute wächst die Sorge, dass die Wasserreserven in unserer Welt zu Ende gehen. Es gibt noch sehr viele Menschen auf dieser Welt, die kein sauberes Trinkwasser haben. Können wir dieses lebenserhaltende Geschenk, das wir jeden Tag von der Erde und dem Himmel erhalten, wertschätzen?

Ein junger Mönch heizte einst Wasser aus dem Fluss für das Bad seines Meisters auf. Als er einige wenige Tropfen Wasser, die in seinem hölzernen Eimer verblieben waren, auf den Boden auskippte, schalt sein Meister ihn heftig für seinen Mangel an Achtsamkeit. Selbst einen einzigen Tropfen Wasser könnte man noch einer Pflanze im Garten geben und ihr damit Leben schenken, oder man könnte ihn den Mönchen, dem Dharma oder zurück in den Fluss geben. Der Geist des Mönchs öffnete sich. Er nahm den Namen Tekisui an, was „Ein Tropfen" bedeutet, und wurde in der Folge zu einem großen Meister.

Vertiefung

Werden wir uns des Wassers bewusst, dann kann unser Geist seine fließende Eigenschaft annehmen. So wie Wasser ungehindert in unterschiedliche Behälter fließen kann, können wir, wenn wir einen leichten und flexiblen Geist kultivieren, in Situationen hineinfließen, während sie entstehen und sich wandeln, ohne kräftezehrenden Widerstand zu erfahren.

Es macht uns Freude, an einem Fluss zu sitzen und sein sich unablässig veränderndes, durchgehendes Strömen zu beobachten. Können wir den Fluss unseres Lebens ebenfalls mit ruhigem Blick betrachten, in Frieden mit der Vergänglichkeit, mit dem endlosen Fließen von Ursache und Wirkung?

Beobachten wir, wie sich Wasser zwischen seinen verschiedenen Aggregatzuständen hin und her bewegt, vom festen Eis zur Flüssigkeit zum Gas, dann lernen wir auch etwas über unser Leben und über die Wahrheit der Vergänglichkeit. Eine Ansammlung von Elementen kondensiert vorübergehend zu einem scheinbar soliden Menschenwesen, doch wenn die Kräfte, die diese Elemente im Gleichgewicht halten, sich verändern – ein Absinken des Kaliumgehalts im Blut, ein unregelmäßiger Herzschlag, ein Moment der Unaufmerksamkeit am Steuer –, dann beginnen sie sich wieder zu trennen und aufzulösen, zurück zu Wasserstoff, Kohlenstoff, Kalzium, Sauerstoff und ein wenig Wärme.

Wasser hat noch eine andere Eigenschaft, von der wir lernen können. Wenn wir schlammiges Wasser in ein Glas gießen und es still stehen lassen, setzt der Schlamm sich schließlich auf dem Boden ab und das Wasser wird wieder klar. Ist unser Geist aufgewühlt, ängstlich oder furchtsam, dann ist es schwierig, eine Lösung für unsere Probleme zu sehen. Ein Aspekt der Achtsamkeit ist, sich daran zu erinnern, dass es möglich ist, den Geist still werden zu lassen, sodass er seine ursprüngliche Klarheit wiedererlangt. Setzen Sie sich einfach hin, nehmen Sie einige tiefe Atemzüge und erlauben Sie es Ihren Gefühlen und Gedanken, sich zu beruhigen. Wie soll das geschehen? Indem Sie die Übungen aus diesem Buch anwenden. Die wirksamste Technik, die Sie in einer Notsituation anwenden können, ist die folgende: Werden Sie sich Ihres Atems bewusst, richten Sie Ihre Aufmerksamkeit auf das Hara, den Unterbauch, machen Sie die Übung der liebenden Güte für Ihren Körper und Geist und öffnen Sie Ihre Ohren für Klänge. Das ist so erfrischend, als schenkten Sie Ihrem Geist ein entspannendes Bad.

SCHLUSSWORTE: Der Zen-Meister Dogen schrieb in seinen *Anweisungen für den Koch*: „Betrachte Wasser als dein Lebenselixier."

29
Nach oben sehen

DIE ÜBUNG: Sehen Sie mehrfach am Tag bewusst nach oben. Nehmen Sie sich einige Minuten, die Zimmerdecke zu betrachten oder hohe Gebäude, Baumkronen, Dächer, Hügel, Berge oder den Himmel. Achten Sie darauf, welche neuen Dinge Ihnen auffallen.

Gedächtnisstützen

Hängen Sie kleine Zettel mit den Worten „Sieh nach oben" oder mit einem aufwärts zeigenden Pfeil auf.

Entdeckungen

Die meiste Zeit sehen wir nur einen kleinen Ausschnitt der Welt. Da wir die Augen vorne am Kopf haben, ist unser visuelles Bewusstsein gewöhnlich auf das beschränkt, was vor uns liegt, und zwar in einem Bereich zwischen dem Boden und etwa drei Metern Höhe. Nur wenn wir etwas Ungewöhnliches sehen oder hören – etwa einen über zwei Meter großen Menschen oder ein lautes Geräusch über uns, sehen wir nach oben. Natürlich betrachten Menschen in bestimmten Berufen, etwa Bauern oder Seeleute, oft den Himmel, da aufziehendes Wetter wichtig für sie ist, aber heutzutage sehen auch sie wahrscheinlich eher einen Wetterbericht oder die Anzeige auf einem Radarschirm.

Nach oben zu sehen, öffnet unsere Perspektive und befreit den Geist aus seinem Käfig von Neurosen, indem es ihn weitet und dehnt. Wenn sie nach oben schauen, bemerken die Leute viele Dinge, die ihnen zuvor nicht aufgefallen sind: Deckenbeleuchtungen, dekorative Stuckaturen an Gebäuden, im Wind schwankende Baumwipfel, die Formen und Farben von Wolken, Menschen, die aus dem Fenster ihrer Wohnung schauen oder die über eine Balkonbrüstung gelehnt sind, einen durch den Himmel kurvenden Vogelschwarm.

Es gibt psychologische Experimente, die zeigen, wie viel uns entgeht, selbst wenn wir etwas direkt ansehen. So sehen die Leute zum Beispiel nicht den Mann, der während eines Basketballspiels in einem Gorillakostüm auf dem Spielfeld herumläuft, sie bemerken nicht, wenn auf einem Foto die Gesichter zweier Menschen ausgetauscht werden, und ihnen fällt nicht auf, wenn jemand, den sie nach dem Weg fragen, durch eine andere Person ersetzt wird (wenn ihnen durch einen Menschen, der eine Tafel vorbeiträgt, für kurze Zeit die Sicht versperrt wird). Verstrickt in einen Traum und zu 75 Prozent blind – so laufen wir herum.

Vertiefung

Vor sich hin schauen ist nicht unbedingt dasselbe wie „sehen". Um etwas zu sehen, braucht man nicht nur das Sehvermögen, sondern auch Aufmerksamkeit. So sieht etwa jemand den Gorilla auf dem Basketballfeld nicht, weil man ihn aufgefordert hat, sich auf etwas anderes zu konzentrieren – etwa darauf, die Pässe zu zählen, die eine Mannschaft spielt. Wir können zur Arbeit fahren und dabei scheinbar die roten Ampeln sehen, ohne uns jedoch bewusst zu sein, ob wir angehalten haben oder nicht.

Wir sind von den Dingen vor unserer Nase dermaßen eingenommen, dass uns viel von dem entgeht, was um uns herum geschieht. Kinder nehmen bewusster wahr als Erwachsene, deren Angst ihr Leben auf die Frage verengt hat: „Was kommt eventuell auf mich zu, vor dem ich mich hüten muss?" Nach oben zu sehen, weitet unseren Horizont so aus, dass er nun mehr Lebewesen (wie etwa Vögel) sowie Phänomene (wie etwa Regenbögen) umfasst als vorher. Ist unser Horizont weiter, dann weitet sich auch die Erfahrung unserer selbst. Wir sind nicht mehr so sehr in der engen Kiste gefangen, die wir „Ich, meine Welt und meine Sorgen" nennen.

Nach oben zu sehen, hilft uns, unseren Horizont zu erweitern. Wie mag die Dame auf dem Balkon im fünften Stock oder der über uns kreisende Adler uns wahrnehmen? Gelingt es uns, ein wenig durch ihre Augen, durch Gottes Augen zu sehen, öffnet sich die klaustrophobische Kammer unseres von uns selbst besessenen Lebens und wir erhalten eine verlockende Kostprobe der Freiheit. Hinaufzusehen heißt hinauszusehen – hinaus aus der engen Kiste, die wir „mein Ich" nennen. Haben Sie keine Lust, den Schritt ins Freie zu machen?

SCHLUSSWORTE: Die Augen sind ein wichtiges Werkzeug der Achtsamkeit. Erweitern Sie Ihren Horizont und sehen Sie wirklich!

30
Abgrenzen und Verteidigen

DIE ÜBUNG: Werden Sie sich dessen bewusst, auf welche Weise Sie sich definieren, also Ihre Grenzen abstecken, und Ihr persönliches Territorium verteidigen. Betrachten Sie sich selbst zum Beispiel als liberal oder als konservativ? Als Mitteleuropäer oder als Südeuropäer? Wie verteidigen Sie diese Position? Beobachten Sie, wie schnell ein Kaffeebecher, ein Parkplatz oder ein Sitz in der U-Bahn zu „meinem" wird und wie Sie reagieren, wenn ein anderer Mensch ihn benutzt.

Wenden Sie sich diesem Prozess mehrmals am Tag zu, insbesondere dann, wenn Sie gereizt oder ärgerlich werden. Fragen Sie sich: „Wie definiere ich mich oder mein persönliches Territorium in diesem Moment?"

Gedächtnisstützen

Befestigen Sie an geeigneten Stellen Zettel, auf denen steht: „Abgrenzen und Verteidigen?".

Entdeckungen

Diese Übung stammt von einem Lehrer aus der Tradition des tibetischen Buddhismus namens Michael Conklin. Er hält an einem Community College in der Nähe unseres Klosters einen Kurs über Buddhismus. Eine der Aufgaben, die er seinen Schülern gibt, besteht darin, eine Woche lang den Prozess des „Abgrenzens und Verteidigens des Ichs" zu beobachten. Seine Schüler finden das sehr aufschlussreich.

Die wichtigste Entdeckung, die sie dadurch machen, ist, dass sie ständig mit diesem Prozess beschäftigt sind.

Wir erkennen diesen Ablauf sehr deutlich, wenn wir einen bestimmten physischen Raum als unser Eigentum bezeichnen, einen Stuhl oder ein Pult in einem Klassenraum, einen Ecktisch in unserem Lieblingsrestaurant, einen Platz auf der Autobahn, ein Regalbrett in einem Schrank oder einen bestimmten Platz in einem Trainingsraum. Wenn jemand die unsichtbaren Grenzen, die wir in unserem Geist um dieses Territorium herum gezogen haben, nicht respektiert, dann reagieren wir. Haben wir unsere Yoga-Matte irgendwo hingelegt, dann betrachten wir diesen Platz schon nach wenigen Minuten als „meinen". In unserem Kloster müssen wir sehr vorsichtig damit sein, das Meditationskissen eines Menschen woanders hinzulegen, sobald eine Klausur einmal begonnen hat, weil das manche Leute ziemlich aufregen kann. Wir neigen dazu, uns überall, wo wir hingehen, ein sicheres kleines Nest zu bauen, das wir dann verteidigen.

Dieser Prozess beginnt schon früh in unserem Leben. Der Zen-Lehrer Shohaku Okamura erzählt, wie er einst mit seinem kleinen Sohn in Amerika in einen Park ging. Er brachte mehrere Spielsachen mit, sodass sein Sohn sie mit anderen Kindern teilen und einige amerikanische Kinder kennenlernen konnte. Aber als die anderen Kinder sich seinem Sohn näherten, sammelte dieser die Spielsachen ein, drückte sie an seine Brust und sprach seine ersten englischen Worte: „Nein, meins!" Auf diese Weise wird ein Ich geboren und verteidigt. Das ist im Laufe der menschlichen Entwicklung ein natürlicher Prozess, aber damit wir wirklich in Frieden leben können, müssen wir ihn als Erwachsene verändern.

Vertiefung

Gier entsteht, wenn wir glauben etwas zu brauchen, damit wir erfüllt und glücklich sind. Es kann ein bestimmtes Auto sein, ein Haus, bestimmte Nahrung, ein akademischer Grad oder öffentliche Anerkennung. Es kann auch eine andere Person sein. Wenn wir das nicht bekommen, was unser Herz begehrt, sind wir unglücklich. Dies bedeutet, dass wir uns durch materiellen Besitz definieren – durch das, was wir bekommen und festhalten können.

Wir definieren uns auch durch unseren geistigen Besitz, indem wir unser Wissen zur Schau stellen und unsere Ansichten energisch verteidigen. Wir glauben: „Meine Meinung zu diesem Thema ist die richtige und ich werde so lange argumentieren, bis ich dich überzeugt habe!" Das ist erstaunlich und eher komisch, wenn man bedenkt, dass es in einer Gruppe von 24 Menschen neben unserer eigenen Meinung noch 23 andere Meinungen gibt. Warum sollten wir glauben, dass unsere Meinung die einzig richtige ist?

Zorn oder Gereiztheit ist ein Hinweis darauf, dass wir unser Ich verteidigen. Zorn taucht dann auf, wenn wir glauben, uns einer Sache oder eines Menschen entledigen zu müssen, um glücklich zu sein. Es könnte ein bestimmter Politiker sein, ein Schmerz oder eine Krankheit, ein unangenehmer Chef oder Mitarbeiter, ein nervtötender Nachbar oder sein bellender Hund. Gelingt es uns nicht, sie loszuwerden, dann macht uns das unglücklich. Warum hilft uns die Welt nicht zu bekommen, was wir wollen? Auch das ist erstaunlich und komisch. Warum laufen die Dinge nicht so, wie *ich* es mir wünsche, und keinesfalls so, wie es sich die anderen 7 Milliarden Menschen auf diesem Planeten wünschen?

Wir wissen so wenig darüber, was unser Ich ist. Es ist nicht ein beständiges, stabiles Ding. Es ist immer im Fluss. Alles, was wir „Ich" nennen, ist ein sich ständig wandelnder Prozess, der unsere Vorlieben und Abneigungen, unsere Kleidung, unseren Haarschnitt und jede Zelle in unserem Körper beeinflusst. Jeder Atemzug ist Teil dieses Flusses. Wenn wir versuchen, unsere Ich-Empfindung einzufrieren, dann erzeugen wir damit nur Leiden. („Hier drinnen fühle ich mich dreißig Jahre alt, aber äußerlich sehe ich aus wie sechzig, und das hasse ich!")

Schlussworte: Solch ein Ding wie das Ich, das wir verteidigen müssten, gibt es gar nicht, denn in Wirklichkeit ist das Ich ein Prozess sich ständig wandelnder Empfindungen, einschließlich der Empfindungen, die wir Gedanken nennen.

31
Gerüche bemerken

Die Übung: Werden Sie sich während dieser Woche so oft wie möglich der Sie umgebenden Gerüche und Düfte bewusst. Das ist vielleicht am leichtesten, während Sie essen oder trinken, aber versuchen Sie es auch zu anderen Zeiten. Erschnüffeln Sie mehrmals am Tag die Luft, wie ein Hund es tut. Wenn es in Ihrer Umgebung nicht viele Gerüche gibt, dann lassen sich einige selbst erzeugen, die Sie dann entdecken können. Sie könnten sich einen Tropfen Vanillearoma auf das Handgelenk träufeln, Sie könnten in dem Wasser auf Ihrem Ofen einige Gewürze kochen wie etwa Zimt oder Nelken. Sie könnten auch einige parfümierte Kerzen anzünden oder an Duftöl schnuppern.

Gedächtnisstützen

Befestigen Sie Zettel mit dem Wort „Geruch" oder dem Bild einer Nase an strategisch günstigen Stellen.

Entdeckungen

Die Zellen im Inneren unserer Nase, die auf Gerüche reagieren, sind nur zwei Synapsen von den Verarbeitungszentren für Emotionen und Erinnerungen in unserem Gehirn entfernt. Deshalb können Gerüche starke konditionierte Reaktionen wie Begehren und Abneigung hervorrufen. Zu diesen unbewussten Reaktionen kann es selbst dann kommen, wenn wir uns der Wahrnehmung eines Geruchs gar nicht bewusst sind. Wir würdigen unseren Geruchssinn im Allgemeinen nicht, bis wir ihn verlieren, wenn wir zum Beispiel eine Erkältung haben. Menschen, die ihren Geruchssinn dauerhaft verlieren, können depressiv werden, weil sie auch ihre frühere Freude am Essen verlieren. Viele haben zudem Angst, dass sie den Rauch eines Brandes oder ihren eigenen Körpergeruch nicht bemerken werden oder dass sie verdorbene Nahrungsmittel essen könnten.

Wenn Menschen die Achtsamkeit auf Gerüche üben, entdecken sie, dass es in ihrer Umgebung viele Gerüche gibt, einige davon offenkundig (Kaffee, Zimtschnecken, Benzin, Ziegen) und viele andere, die feiner sind (die frische Luft, wenn wir nach draußen gehen, Seife oder Rasierschaum auf unserem eigenen Gesicht, frische Betttücher). Sie entdecken auch, dass ein Geruch ein Gefühl, ein Begehren oder eine Abneigung hervorrufen kann.

Die reichhaltige Erfahrung dessen, was wir Geschmack nennen, ist weitgehend von unserem Geruchssinn abhängig. Unsere Zunge ist nur in der Lage, einige wenige Empfindungen zu registrieren – salzig, süß, sauer, bitter und *umami* (würzig, wie etwa bei Fleisch oder Sojasoße) –, aber wir können viele Tausende von Gerüchen unterscheiden und von manchen Substanzen bereits ein einzelnes Molekül wahrnehmen. Die Forschung hat gezeigt, dass Frauen eine empfindlichere Nase haben als Männer. Frauen tragen Parfüm, um Männer anzuziehen, aber das ist vielleicht vergebliche Liebesmühe. Die Gerüche, die Männer besonders mögen, sind der Geruch von backendem Brot, Vanille oder bratendem Fleisch.

In Wirklichkeit gibt es keine „guten" oder „schlechten" Gerüche. Wir gewöhnen uns an die üblichen Gerüche in unserer Umgebung. Als ich in Afrika lebte, hatten die Menschen um mich herum einen starken, mit dem Geruch von Holzrauch vermischten Schweißgeruch. Das war zweifellos ein wohltuender Geruch für ein Kind, das seit seiner Geburt von diesem Geruch umgeben gewesen war. Ich habe für die Menschen dort wahrscheinlich komisch gerochen und sie konnten mich sogar im Dunkeln erkennen.

Als der Osten und der Westen zum ersten Mal aufeinandertrafen, mochten die Japaner, die täglich badeten, den Geruch der Europäer nicht, die Milchprodukte aßen und nicht sehr oft badeten. Sie nannten ihre Besucher „Buttergestank". Wir sind uns des Geruchs unseres eigenen Körpers nicht sehr bewusst. Andere Menschen sagen uns vielleicht zu unserer Überraschung, dass wir unter die Dusche gehen sollten oder dass wir einen wunderbaren Geruch haben. So, wie wir den Geruch unseres eigenen Körpers nicht wahrnehmen, sind wir uns auch des „Geruchs" unserer eigenen Persönlichkeit nicht bewusst. Wie wirkt dieser auf andere?

Vertiefung

Ein großer Teil unseres Verhaltens wird von unbewusster Konditionierung gelenkt. Wir treffen einen Menschen, der so aussieht, sich so kleidet, so spricht oder vielleicht sogar so riecht wie jemand, der uns in unserer Kindheit verletzt hat, und wir verspüren eine sofortige, unerklärliche Abneigung gegen diesen unschuldigen Menschen. Sie hat nichts mit ihm selbst zu tun. Es handelt sich bloß um ein elektrisches Phänomen, um Sinneseindrücke, die unsere Neuronen feuern lassen und die die Speicherzentren für Erinnerungen und für Gefühle in unserem Gehirn miteinander verbinden. Es ist nicht leicht, diese Gewohnheitsmuster zu verändern. Zuerst einmal müssen wir das Licht der Bewusstheit auf die Körperempfindungen, Gedanken und Gefühle werfen, sobald diese auftauchen. Wir müssen sorgfältig die Verbindung zwischen einer Empfindung und einer Gefühlsfärbung beobachten, weil diese der Kristallisationspunkt ist, aus dem eine Kettenreaktion entsteht, die schließlich zu Gedanken, Emotionen, verbalem Ausdruck und Verhalten führt (oder zu dem, was Buddhisten Karma nennen).

Die Kaskade von *Empfindung* –> *Gefühl(sfärbung)* –> *Wahrnehmung* –> Handeln läuft dermaßen schnell ab, dass es schwierig ist, die einzelnen Schritte wahrzunehmen. Doch wenn Geruch im Spiel ist, kann man diese Kette von Ereignissen verstehen. Nehmen wir an, Sie träten nach draußen und nähmen einen tiefen Atemzug. Sie entdecken einen Geruch und schrecken innerlich zurück. Warum? Chemische Moleküle sind auf die Innenseite Ihrer Nase getroffen, Sie haben etwas gerochen und das hat eine negative Gefühlsfärbung verursacht, bevor Ihr Geist noch wusste, was es war. Dann versucht Ihr Geist es zu identifizieren – „Ach ja, Hundekot!". Dies ist Wahrnehmung, worauf dann willentliches Handeln folgt. Sie sagen vielleicht: „Welcher Idiot hat seinen Hund in meinem Vorgarten machen lassen?!" Oder Sie gehen einfach hinein, holen eine Plastiktüte und räumen den Haufen weg.

Gerüche können eine starke Auswirkung auf unseren geistig-emotionalen Zustand und unser Verhalten haben. Gerüche können Erinnerungen und alte Reaktionen hervorrufen. So kann zum Beispiel der Geruch eines bestimmten Rasierwassers, das Ihr Vater benutzt hat, Sie entweder glücklich und liebevoll machen oder gereizt und distanziert – je nachdem, wie Sie mit Ihrem Vater ausgekommen sind. Psychologen benutzen manchmal abstoßende Gerüche, um destruktive Impulse und Verhaltensweisen, wie zum Beispiel die Sucht nach Pornografie, zu entkonditionieren.

Positive Konditionierung auf einen Geruch kann hilfreich sein. Ein Grund für das Abbrennen von Räucherwerk in Meditationshallen ist, dass im Laufe der Zeit eine Verbindung zwischen dem Duft des Räucherwerks und einem ruhigen, konzentrierten Bewusstseinszustand hergestellt wird. Bereits beim Betreten der duftenden Halle beruhigt sich der Geist automatisch. Der Geruchssinn der Mönche wird während langer Stunden der Meditation dermaßen sensibel, dass sie am Geruch des Räucherstäbchens bereits erkennen, dass die Meditationsperiode gleich vorüber ist. Der Geruch verändert sich nämlich, wenn die Glut die Asche erreicht, in der das Stäbchen in dem Räuchergefäß steckt.

Wir können sehr empfindsam für Gerüche sein, wenn unser Geist ruhig ist und die anderen Sinne nur minimalen Input liefern. Eines Nachts saß ich in einem Tempel in Japan im Freien in der tiefen Dunkelheit des riesigen Bambuswaldes, der zu dem Kloster gehörte. Es war der siebte Tag einer Klausur mit stiller Meditation. Nachdem es während eines Taifuns zwei Tage lang geregnet hatte, war die Luft reingewaschen. Mein Geist war vollkommen still und mein Gewahrsein weit geöffnet. In der Stille konnte ich ein einzelnes Bambusblatt sanft hinabfallen hören. Allmählich wurde ich mir eines feinen würzigen Geruchs bewusst. Er kam von dem Bambus. Es ist mir seither nie wieder gelungen, ihn zu riechen. Ich werde mich immer an diesen köstlichen Duft erinnern, und diese Erinnerung ruft den sublimen Frieden jener Nacht in mir wach.

SCHLUSSWORTE: Es ist eine zutiefst freudvolle Meditation, der Gerüche völlig gewahr zu sein und mitzuverfolgen, wie sie sich bei jedem Ein- und Ausatmen verändern.

32
Diese Person könnte heute Nacht sterben

> DIE ÜBUNG: Mehrfach am Tag, wenn Sie gerade von Angesicht zu Angesicht oder am Telefon mit einer Person sprechen, erinnern Sie sich: „Diese Person könnte heute Nacht sterben. Dies könnte das letzte Mal sei, dass ich mit diesem Menschen spreche." Achten Sie darauf, in welcher Weise Sie nun anders zuhören, reden oder interagieren.

Gedächtnisstützen

Kleben Sie an Ihren Badezimmerspiegel direkt ober- oder unterhalb der Stelle, wo Sie Ihren Kopf sehen, eine Notiz mit den Worten: „Diese Person könnte heute Nacht sterben." Bringen Sie ähnliche Notizen neben Ihrem Telefon oder an Ihrem Arbeitsplatz an – an Stellen, an denen Sie sie wahrscheinlich sehen, wenn Sie mit anderen interagieren.

Entdeckungen

Manche Menschen finden diese Übung zuerst ein wenig deprimierend, aber sie entdecken bald, dass sie auf andere Weise zuhören und aufmerksam sind, wenn sie sich ihrer eigenen Sterblichkeit und der Sterblichkeit der anderen Person bewusst werden. Angesichts der Wahrheit, dass dies das letzte Mal sein könnte, dass sie die andere Person lebendig sehen, öffnet sich ihr Herz. Wenn wir mit anderen Menschen sprechen, insbesondere solchen Menschen, die wir jeden Tag sehen, lassen wir uns leicht ablenken und hören nur mit halbem

Ohr zu. Wir sehen oft an ihnen vorbei oder betrachten etwas anderes, statt die Person direkt anzusehen. Vielleicht sind wir auch sauer, weil sie uns unterbrochen haben. Es braucht die Erkenntnis, dass sie sterben könnten, damit wir sie auf neue Weise ansehen.

Diese Übung wird dann besonders eindringlich, wenn die Person, mit der Sie sprechen, alt oder krank ist, oder wenn der Tod Ihnen kürzlich einen Bekannten oder einen geliebten Menschen genommen hat. Wenn die Japaner jemandem Auf Wiedersehen sagen, bleiben sie respektvoll stehen, sehen der Person hinterher und winken, bis das Auto oder der Zug außer Sichtweite ist. Dieser Brauch hat seinen Ursprung in dem Bewusstsein, dass dies das letzte Mal sein könnte, dass man sich begegnet ist. Wie traurig wären wir, wenn unsere letzte Begegnung mit unserem Kind, unserem Partner oder unseren Eltern von Ungeduld oder Zorn überschattet gewesen wäre! Welch ein Trost, wenn wir ihnen sorgsam Auf Wiedersehen gesagt hätten.

Vertiefung

Auch wenn Krankheit, Alter und Tod jedem beschieden sind, der in diese Welt geboren wird, so führen wir unser Leben doch, als träfe dies nicht für die Menschen zu, die uns wichtig sind. Diese Übung hilft uns, die Leugnung der Tatsache zu durchbrechen, dass das Leben sehr zerbrechlich ist und der Tod in jedem Augenblick eintreten könnte. Alles, was es braucht, ist eine leichte Veränderung des Kaliumspiegels in unserem Blut, ein bösartiges Bakterium, ein entgegenkommender Fahrer, der einschläft, oder ein seltsames elektrisches Muster in unserem Herzen. Gelegentlich hebt sich der Schleier der Leugnung und wir sehen die Wahrheit der Zerbrechlichkeit des menschlichen Lebens, etwa wenn bei einem Mitarbeiter oder einem Familienmitglied eine tödliche Krankheit diagnostiziert wird oder wenn jemand, der in unserem Alter ist oder jünger als wir, unerwartet stirbt.

Natürlich wollen wir unseren Geist nicht unablässig mit ängstlichen Gedanken über die Sterblichkeit füllen, aber wenn wir uns der Vergänglichkeit bewusst sind, so kann uns das helfen, die Menschen, denen wir im Alltag begegnen, wertzuschätzen. Teilt sich der Schleier und erfahren wir die Wahrheit, dass jedes Menschenleben kurz ist, dann ändern sich unsere Gespräche. Statt alle möglichen anderen Gedanken im Kopf zu haben, wenn wir mit jemandem sprechen, bringen wir mehr Gegenwärtigkeit in jede Begegnung ein. Diese stete Aufmerksamkeit ist etwas Ungewöhnliches in der Welt der gewöhnlichen Menschenwesen.

Wir schlafen jede Nacht in dem tiefen Vertrauen ein, dass wir wieder aufwachen werden. Wenn uns klar wird, dass auch wir heute Nacht sterben könnten, dann können wir präsenter und in jedem Augenblick unseres Lebens lebendiger werden.

In unserem Zen-Kloster haben wir einen Gesang, der während einer Klausur der stillen Meditation am Ende eines jeden Tages gesungen wird. Vielleicht rezitieren Sie ihn in dieser Woche jeden Abend, bevor Sie zu Bett gehen:

> Darf ich dich respektvoll daran erinnern,
> Dass Leben und Tod höchst bedeutsam sind.
> Die Zeit vergeht schnell und die Gelegenheit ist vertan.
> Wenn dieser Tag vergangen ist, wird unsere Lebenszeit um einen Tag kürzer sein.
> Jeder von uns sollte sich darum bemühen, zu erwachen.
> *Wach auf!*
> *Sei aufmerksam!*
> Verschwende dein Leben nicht!

SCHLUSSWORTE: Sich des Todes bewusst zu werden, öffnet unsere Bewusstheit für diesen einzigartigen, lebendigen Augenblick des Lebens.

33
Hitze und Kälte

Die Übung: Achten Sie in dieser Woche auf die Empfindungen von Hitze und Kälte. Bemerken Sie jede körperliche oder emotionale Reaktion auf die Temperatur oder auf Temperaturveränderungen. Üben Sie, gelassen zu sein, ganz gleich, welche Temperatur herrscht.

Gedächtnisstützen

Sie können kleine Schilder mit dem Bild eines Thermometers oder mit den Worten „Hitze und Kälte" aufhängen.

Entdeckungen

Wenn wir diese Übung praktizieren, fällt uns unsere Abneigung gegen Temperaturen außerhalb eines sehr engen Bereiches auf. Bei jedem ist dieser Bereich ein anderer. Wir beschweren uns: „Es ist zu heiß!" oder „Es ist zu kalt!", als sollte es eigentlich nicht so sein – die Sonne, die Wolken und die Luft haben sich verschworen, um uns das Leben zu erschweren. Wir tun stets irgendetwas, um die Temperatur anzupassen, wir stellen die Heizung und die Klimaanlage an und aus, öffnen und schließen Fenster und Türen, ziehen Kleidungsstücke an und wieder aus. Wir sind nie für längere Zeit zufrieden. Wenn die Temperatur über 30 °C steigt, sehnen wir uns nach kühlerem Wetter; während der kalten, regnerischen Wintertage sehnen wir uns nach Sonne.

Ich erinnere mich noch an die Sommer meiner Kindheit in Missouri. Die Plastiksitzbezüge in unserem Auto verbrannten unsere Beine, wenn wir uns in den Wagen setzten, und wenn wir ausgestiegen, saßen wir in einer Pfütze von Schweiß. Wir spielten draußen und waren so verschwitzt, dass wir klebten, aber wir beklagten uns nie. Die Dinge waren nun einmal so. Wenn Eltern mit kleineren Kindern Strandurlaub machen, bemerken sie oft, dass die Kinder ins Wasser gehen und einen Riesenspaß haben – ganz gleich, welche Temperatur das Wasser hat. Was passiert da, wenn wir älter werden, das uns die Dinge nicht mehr so ertragen lässt, wie sie sind?

Als wir einmal im August in Japan auf Pilgerschaft gingen, fühlte es sich an, als beträten wir eine Sauna, sobald wir den Fuß vor die Tür setzten. Innerhalb weniger Minuten war unsere Kleidung von Schweiß durchnässt. Nach wenigen Stunden war unsere Haut salzverkrustet und wir hatten weiße Ringe auf der Kleidung. Es war ziemlich schwer, unserem Unbehagen nicht Luft zu machen. Aber wir bemerkten, dass die Japaner, von Kleinkindern bis zu alten Menschen, scheinbar unbeeindruckt ihren Beschäftigungen nachgingen. Das inspirierte uns, den jammernden Geist loszulassen und einfach für die Dinge, so wie sie waren, präsent zu sein und Empfindungen einfach als Empfindungen wahrzunehmen – die feuchten und trockenen Stellen, die Hitze im Freien und die kühlen Innenräume, das Kitzeln der an uns herablaufenden Schweißtropfen. Das uns von unserem Geist zugefügte Leiden verschwand und wir wurden sehr viel glücklichere Pilger.

Während einer Klausur suchte mich eine Frau auf und sagte, dass sie sich trotz mehrerer Lagen Kleidung und einer heißen Wärmflasche die ganze Zeit kalt fühle. Sie erkannte auch, dass sie sich davor fürchtete, Kälte zu empfinden. Sie wusste, dass diese Furcht irrational war, und sie hatte nach ihrer Quelle gesucht. Dann erinnerte sie sich an einen Zwischenfall vor 20 Jahren, als sie einen Herzanfall gehabt und sich sehr kalt gefühlt hatte.

Ich forderte sie auf, auf alle Bereiche ihres Körpers zu achten und mir zu sagen, welcher Prozentsatz ihres Körpers sich *nicht* kalt fühlte. Nach wenigen Minuten berichtete sie überrascht, dass sich mehr als 90 Prozent ihres Körpers warm oder sogar heiß anfühlten. Ihr wurde klar, dass jene 10 Prozent ihres Körpers, die kalt waren, 100 Prozent der Furcht hervorriefen. Später sagte sie mir, ihr sei eine Last vom Herzen gefallen, eine Furcht, die sie schon seit Jahrzehnten belastet hatte, und dass sie nun leichter unterschiedliche Temperaturen aushalten könne.

Ich beobachtete einmal, wie jemand, der in mein Auto einstieg, sofort nach dem Hebel griff und die Klimaanlage anstellte, bevor ich überhaupt angefahren war. Das ist so, als salzten wir unser Essen, noch bevor wir es geschmeckt haben. Wir reagieren automatisch und versuchen, uns gegen jegliches Unbehagen abzuschirmen, noch bevor es eingetreten ist. Dann verlieren wir die Freude an möglichen Entdeckungen sowie die Freiheit, herauszufinden, dass wir ein viel breiteres Spektrum von Erfahrungen als gedacht erforschen und damit glücklich sein können.

Vertiefung

Eine sehr wichtige Methode, mit Unbehagen zu arbeiten, besteht darin, aufzuhören, es zu vermeiden. Sie gehen mitten in das Unbehagen hinein und fühlen aus dem Inneren Ihres Körpers, was wirklich ist. Sie erforschen das Unbehagen, seine Größe, Form, Oberflächenbeschaffenheit und sogar seine Farbe oder seinen Klang. Ist es durchgehend oder periodisch? Wenn Sie auf diese Weise aufmerksam sind und Ihre meditative Versenkung tief ist, dann beginnt das, was wir Unbehagen oder Schmerzen nennen, sich zu verändern und sogar zu verschwinden. Es wird zu einer Abfolge von Empfindungen, die einfach im leeren Raum auftauchen und wieder verschwinden, die aufblitzen und vergehen. Das ist sehr interessant.

In Japan ist ein Zendo, eine Meditationshalle, im Winter nicht geheizt. Die Fenster sind offen. Es ist gerade so, als säße man im Freien, nur dass man gegen Regen oder Schnee geschützt ist – einigermaßen. Während einer den ganzen Februar dauernden Klausur zog ich jedes Kleidungsstück an, das ich in meinem Koffer hatte, so viele Lagen, dass ich kaum noch meine Knie beugen konnte, um zu sitzen. Meine Haut war so eiskalt, dass es schmerzlich war, meine Aufmerksamkeit bei meinen der Kälte ausgesetzten Händen und meinem Gesicht verweilen zu lassen. Während der traditionellen Zen-Klausuren isst man seine Mahlzeiten im Zendo. Beim Essen musste ich immer wieder hinsehen, ob die Essstäbchen noch immer zwischen meine tauben Finger geklemmt waren. Es gab keinen Ausweg aus diesem Unbehagen. Die einzige Möglichkeit, die mir offenstand, war, meine Aufmerksamkeit unerschütterlich tief in meinem Bauch, im Hara, dem Körperzentrum, zu verankern. Dies war eine sehr kraftvolle Klausur und ich verstand, warum der ehrwürdige Zen-Meister Sogaku Harada Roshi darauf bestanden hatte, dass man dieses Kloster tief im Schneeland baute.

Wir verschwenden so viel Mühe auf den Versuch, uns die äußeren Bedingungen angenehm zu machen. Es ist jedoch unmöglich, es uns die ganze Zeit bequem zu machen, weil die Natur aller Dinge Wandel ist. Dieser Versuch, die Dinge zu kontrollieren, ist der Kern unserer körperlichen Erschöpfung und unseres emotionalen Unwohlseins. Es gibt ein Zen-Koan zu diesem Thema. Einst fragte ein Mönch Meister Tozan: „Kälte und Hitze suchen uns heim. Wie können wir sie vermeiden?" Tozan antwortete: „Warum gehst du nicht an den Ort, an dem es keine Kälte oder Hitze gibt?" Der Mönch war ratlos und fragte: „Wo ist der Ort, an dem es keine Kälte oder Hitze gibt?" Tozan sagte: „Wenn es kalt ist, stirbt der Mönch vor Kälte. Wenn es warm ist, stirbt der Mönch vor Hitze."

Bei dieser Unterweisung bedeutet „sterben", die eigenen Vorstellungen davon sterben zu lassen, wie die Dinge sein sollten, damit man glücklich sein kann. Es mag sich seltsam anhören, aber man kann Achtsamkeit mit Unbehagen oder Schmerzen üben und dabei ganz glücklich sein. Dieses Glück entsteht aus der Freude, einfach präsent zu sein, und auch aus dem Zutrauen, das man dabei gewinnt – dem Zutrauen, dass man bei fortgesetzter Praxis schließlich in der Lage sein wird, sich allem, was das Leben mit sich bringt, mithilfe von Werkzeugen wie der Achtsamkeit stellen zu können, sogar dem Schmerz.

SCHLUSSWORTE: Wenn Ihr Geist sagt „zu heiß" oder „zu kalt", glauben Sie nicht daran. Erforschen Sie die Hitze- und Kälte-Erfahrung Ihres ganzen Körpers.

34
Die große Erde unter Ihnen

DIE ÜBUNG: Werden Sie sich so oft wie möglich der großen Erde unter Ihnen bewusst. Werden Sie sich ihrer durch den Anblick und die Berührung bewusst, insbesondere durch die Berührung an Ihren Fußsohlen. Wenn Sie nicht im Freien sind, können Sie Ihre Vorstellungskraft benutzen, um die Erde unter dem Fußboden des Gebäudes zu „fühlen", in dem Sie sich befinden.

Gedächtnisstützen

Befestigen Sie an geeigneten Stellen in Ihrer Umgebung Notizzettel mit dem Wort „Erde" oder dem Bild einer Weltkugel. Sie könnten auch etwas Gartenerde in einer kleinen Schale auf Ihren Schreibtisch, auf ein Regal oder auf Ihren Esstisch stellen.

Entdeckungen

In unserem Kloster haben wir beschlossen, diese Achtsamkeitsübung jeden Tag damit zu beginnen, dass wir direkt nach dem Aufstehen den Boden mit der Stirn berühren. Das schien zuerst eine seltsame Praxis zu sein, aber wir wussten sie bald zu schätzen. Auch wenn wir als Teil unserer Zen-Übung jeden Tag viele Niederwerfungen machen (wobei wir den Boden der Meditationshalle mit der Stirn berühren), vermittelte diese Übung ein eindringliches Gefühl von Verletzlichkeit, das wir bei unseren anderen täglichen Niederwerfungen nicht verspürten. Aufzuwachen, aufzustehen und sich gleich wieder hinzuknien und den Boden mit der Stirn zu berühren half uns, den Tag in Mut und Dankbarkeit dafür, dass die Erde uns trägt, zu beginnen. Wir beendeten den Tag mit der gleichen Niederwerfung vor dem Zubettgehen als Würdigung und Ausdruck unserer Dankbarkeit gegenüber der uns stets tragenden Erde.

Wir Menschenwesen gehen und fahren den ganzen Tag lang auf der Oberfläche der Erde herum und sind uns so gut wie nie dieser großen Kugel bewusst, die die Bühne unseres Lebens darstellt. Ebenso sind wir uns nicht der Kraft der Schwerkraft bewusst, die die Erde auf uns ausübt. Sich der Erde unter uns, die jeden unserer Schritte trägt und unser Leben erdet, bewusst zu werden, ist für viele Menschen ungemein ermutigend.

Wenn wir „kopflastig", abgelenkt und grüblerisch sind, dann geraten wir leicht aus dem Gleichgewicht. Weiten wir unsere Aufmerksamkeit durch unsere Fußsohlen in die Erde unter uns aus, dann fühlen wir uns verwurzelt, stabiler, sodass wir weniger von Gedanken und Gefühlen oder unerwarteten Ereignissen herumgestoßen werden.

Der Zen-Mönch Thich Nhat Hanh schreibt:

Ich liebe es, Feldwege entlangzugehen, mit Reisfeldern und wildem Gras auf beiden Seiten, und jeden Fuß dabei mit Achtsamkeit aufzusetzen und zu wissen, dass ich auf der wunderbaren Erde gehe. In solchen Augenblicken ist die Existenz eine wundervolle und mysteriöse Wirklichkeit. Die Leute betrachten es gewöhnlich als Wunder, wenn jemand auf dem Wasser oder durch die Luft geht. Ich aber meine, das wirkliche Wunder besteht darin, auf der Erde zu gehen … ein Wunder, das wir nicht einmal erkennen.

Der Buddha gab seinem Sohn Rahula die folgende Unterweisung:

Entwickle eine Meditation, die so ist wie die Erde: So wie die Erde ungerührt bleibt von den angenehmen oder unangenehmen Dingen, mit denen sie in Berührung kommt, so werden angenehme und unangenehme Erfahrungen dich nicht beunruhigen, wenn du meditierst wie die Erde.

Vertiefung

Der Buddha beobachtete, dass man jede Flüssigkeit – angenehm duftendes Rosenwasser oder stinkendes Abwasser – auf die Erde ausschütten kann und die Erde dabei stabil und unerschütterlich bleibt. Die Erde trägt uns immer, ganz gleich, was wir Menschen auf ihr tun – ob wir Schönheit oder Krieg hervorbringen. Was immer auf der Oberfläche unseres Planeten geschieht, die Erde liegt fest unter uns. Achtsamkeit, Meditation oder Gebet haben die Kraft, unser Herz und unseren Geist so zu schulen, dass sie in einem Zustand verweilen, der ebenso fest und unerschütterlich ist.

Natürlich bedeutet die Anerkennung der stabilen, unerschütterlichen Eigenschaft der Erde nicht, dass wir uns nicht um die Gesundheit unseres Planeten kümmern sollten und ihn verschmutzen dürfen. Es ist jedoch auch sehr wichtig, dass wir nicht zulassen, dass die Sorge um die Umwelt unseren Geist vergiftet. Mein Zen-Meister Maezumi Roshi nahm einst an einer internationalen Konferenz für Umweltbewusstsein in Buenos Aires in Argentinien teil. Er hatte nie großes Interesse an Umweltbelangen gezeigt und wir (seine Schüler) waren hocherfreut und glauben, dass er auf dieser Konferenz etwas lernen werde. Als er zurückkehrte, fragten wir ihn, was er gelernt habe. Er erzählte uns, die Konferenz habe in einer Gruppe von Universitätsgebäuden stattgefunden, die um einen grünen Park herum standen. Er hatte die ganze Woche damit verbracht, zu beobachten, wie die Umweltaktivisten Abkürzungen über das Gras nahmen, statt auf den Gehwegen zu bleiben, und den kleinen Park schließlich in eine schlammige Fläche verwandelten. Für ihn war dies ein deutliches Beispiel für die Unwissenheit um die Wurzel aller menschlichen Probleme. Alle Teilnehmer ignorierten das Gras und die Erde, während sie darüber sprachen und sich darum stritten, wie man die Menschheit dazu bringen könnte, sich um die Erde zu kümmern.

Wir mögen sehr viel über ein Problem nachdenken und darüber reden, aber wenn uns das davon abhält, präsent zu sein und einen unverschmutzten Geist zu entwickeln, dann wird das Problem, um das es uns geht, ungelöst bleiben.

SCHLUSSWORTE: Könnte ich mir ständig der gesamten Erde unter meinen Füßen und auch meiner selbst als eines winzigen, vergänglichen und belebten Fleckens, der auf ihrer Oberfläche umherkriecht, bewusst bleiben, dann bräuchte ich vielleicht keine andere Übung.

35
Abneigung bemerken

DIE ÜBUNG: Werden Sie sich Ihrer Abneigungen bewusst, des Auftauchens von negativen Gefühlen gegenüber etwas oder jemandem. Dies mögen eher schwache Gefühle sein wie eine Irritation oder auch starke Gefühle wie Zorn und Hass. Versuchen Sie zu sehen, was geschehen ist, direkt bevor die Abneigung aufstieg. Zu welchen Sinneseindrücken kam es – zu einem Anblick, einem Geräusch, einer Berührung, einem Geschmack, einem Geruch oder einem Gedanken? Wann taucht im Laufe des Tages Abneigung zum ersten Mal auf?

Gedächtnisstützen

Befestigen Sie Zettel mit den Worten „Abneigung bemerken" an Orten, an denen leicht Abneigung aufsteigt – zum Beispiel an Ihrem Spiegel, Ihrem Fernsehgerät oder Computerbildschirm und am Armaturenbrett Ihres Autos. Sie könnten auch ein kleines Bild von jemandem verwenden, der ein grimmiges Gesicht macht.

Entdeckungen

Wenn wir diese Übung ausführen, werden wir herausfinden, dass Abneigung in unserer geistig-emotionalen Landschaft sehr viel häufiger vorkommt, als wir gedacht haben. Vielleicht steigt sie gleich zu Beginn unseres Tages auf, wenn der Wecker klingelt oder wenn wir aus dem Bett steigen und bemerken, dass unser Rücken schmerzt. Abneigung kann durch Ereignisse ausgelöst werden, von denen wir in den Morgennachrichten hören, von einer langen Schlange vor einem U-Bahn-Schalter oder einer Tankstelle oder von der Begegnung mit einem Familienmitglied, einem Kollegen oder einem Kunden.

Ich saß einmal vor unserem Haus im Auto und wartete auf meinen Ehemann. Während ich mich umsah, bemerkte ich, dass in der Nähe unseres Zauns viele lange Pusteblumen gewachsen waren, die sich bald weiter aussäen würden. Augenblicklich erhob sich der Impuls, aus dem Auto zu springen, eine Gartenschere zu ergreifen und den Löwenzahn herunterzuschneiden. Dieser Impuls war von dem Gedanken begleitet: „Ich werde euch köpfen!" Mir wurde klar, dass dies der Samen des Zorns war, der Samen aller Kriege, die auf dieser Erde geführt werden, der in mir schlummerte. Es ist nicht so, dass ich Löwenzahn hasse. Die strahlend goldenen Blüten sind ein wunderbares Objekt für die Meditation. Wenn man sie von Nahem sieht, können sie einen negativen Geisteszustand sehr schnell umwandeln. Ich beabsichtigte nicht, sie wuchern zu lassen, aber wenn ich jenen Teil des Rasens mähen werde, dann doch erst, wenn ich es frei von Abneigung tun kann. Während ich den Rasenmäher lenke, möchte ich den Löwenzahn wertschätzen und liebende Güte für alle Wesen aufbringen können, die im Gras und im Unkraut wohnen.

Vertiefung

Es kann schon ein ziemlicher Schock sein, zu entdecken, wie allgegenwärtig Abneigung an einem einzigen Tag in einem Leben sein kann, das wir doch als glücklich bezeichnen würden. Es ist jedoch sehr wichtig, uns dessen bewusst zu werden, dass Gefühle der Antipathie in unserem Alltag so häufig sind.

Abneigung ist eines der drei Geistesgifte, von denen die buddhistische Tradition spricht: Gier (oder Anhaften/Festhalten), Abneigung (oder Wegstoßen) und Verblendung (oder Unwissenheit). Sie werden Gifte genannt, weil sie uns so schaden können wie ein Gift, das Unwohlsein und Schmerzen verursacht, nicht nur uns selbst, sondern auch den Menschen in unserer Umgebung.

Abneigung ist die verborgene Quelle von Zorn und Aggression. Sie entsteht aus der Vorstellung, dass wir glücklich sein könnten, wenn es uns nur gelänge, uns einer Sache oder eines Menschen zu entledigen. Was wir Menschen loswerden möchten, um glücklich zu werden, kann so trivial sein wie eine Mücke oder so groß wie eine Nation.

Kaum eine Idee ist absurder als die Vorstellung: „Wenn ich die Dinge – und die Menschen – genau so haben könnte, wie ich es mir wünsche, dann wäre ich glücklich." Diese Idee ist aus mindestens zwei Gründen absurd. Zuerst einmal: Selbst wenn wir die Macht hätten, alles in der Welt so zu arrangieren, wie es für *uns* perfekt ist, könnte diese Perfektion doch nur eine Sekunde andauern, weil all die anderen Menschen in der Welt andere Vorstellungen davon haben, wie *sie* die Dinge gern hätten, und weil sie auf die Erfüllung *ihrer* Wünsche hinarbeiten würden. Was für uns „perfekt" ist, ist längst noch nicht für alle anderen perfekt. Zweitens wäre der Versuch, der Welt Perfektion aufzuzwingen, aufgrund der Wahrheit der Vergänglichkeit zum Scheitern verurteilt – nichts dauert für immer an.

Während ich in unserem Kloster umhergehe, bemerke ich manchmal eine subtile Färbung meines Geistes. Es ist ein schwaches, aber durchgängiges Gefühl der Abneigung, das in etwas wurzelt, das ich als Teil meiner Aufgabe ansehe: Dinge zu sehen, die repariert oder geändert werden müssen. Es wurzelt in dem Bemerken von Unvollkommenheit. Wenn dieses notwendige Zur-Kenntnis-Nehmen zu einem mürrischen Geisteszustand führt, muss ich für eine Weile umschalten und die Dinge „wertschätzen, wie sie sind".

Die Übung der Achtsamkeit hilft uns, gelassen zu bleiben – ganz gleich, welche Umstände herrschen und wie sie sich verändern. Sie fordert uns auf, die Vollkommenheit in der gesamten Schöpfung zu sehen. Und sie verlangt von uns, uns unserer Abneigung bewusst zu werden und ihr mit Wertschätzung und liebender Güte entgegenzuwirken.

SCHLUSSWORTE: Einer der berühmten Aussprüche des Buddha ist: „Zorn verschwindet nicht durch Zorn, sondern allein durch Liebe." Werden Sie sich der Abneigung in Ihrem Inneren bewusst und benutzen Sie das Gegenmittel – die Übung der liebenden Güte.

36
Übersehen Sie etwas?

DIE ÜBUNG: Halten Sie mehrmals am Tage inne und nehmen Sie zur Kenntnis, worauf Sie in diesem Augenblick achten; öffnen Sie Ihre Sinne dann weiter, um zu sehen, ob Sie etwas entdecken können, das Sie übersehen haben. Unsere Aufmerksamkeit ist gewöhnlich selektiv. Was haben Sie übersehen?

Gedächtnisstützen

Befestigen Sie Notizzettel in Ihrer Umgebung mit der Frage „Übersehen?". (Und übersehen Sie diese Zettel nicht!) Sie könnten auch einen Wecker so stellen, dass er mehrmals am Tag klingelt, um Sie an diese Übung zu erinnern.

Entdeckungen

Wir gehen mit einer sehr engen Perspektive durch unseren Alltag. Wir achten auf das Klingeln des Weckers, auf das, was unser Geist uns über unsere Aufgabenliste für den Tag sagt, auf den Bildschirm des Fernsehers oder des Computers, auf die Stimme in unserem Handy. Unsere Aufmerksamkeit erweitert sich nur, wenn etwas Ungewöhnliches geschieht. Ein lauter Knall! Unsere Ohren merken auf. War das die Fehlzündung eines Autos oder war das ein Schuss? Oder das Wetter ändert sich plötzlich und wir sehen zum ersten Mal seit Wochen, vielleicht seit Monaten zum Himmel auf.

Wenn wir innehalten und bewusst den Horizont unseres Hörens und Sehens erweitern, realisieren wir, dass um uns herum viel geschieht, was uns entgeht. Wir haben die Geräusche des summenden Kühlschranks sowie des Verkehrs, das Gefühl des Bodens unter unseren Füßen, den Stand der Sonne am Himmel, die vielen Farben des Linoleums auf dem Fußboden ausgeblendet. Wenn wir den Horizont unserer Aufmerksamkeit erweitern, mögen wir bemerken, dass sich ein Gefühl der Erleichterung und Entspannung einstellt, so als verbrauche es eine große Menge an Energie, die enge Sichtweise aufrechtzuerhalten.

Wir können unmöglich auf zwei Dinge zugleich völlig aufmerksam sein (solange unser Geist nicht außerordentlich gut geschult ist). Versuchen Sie es. Richten Sie Ihre ganze Aufmerksamkeit auf Ihre Fußsohlen, fühlen Sie jede Empfindung von Wärme, Prickeln, Druck. Nehmen Sie zur Kenntnis, wo die Empfindungen am stärksten sind und wo keine vorhanden sind. Jetzt versuchen Sie, diese Bewusstheit aufrechtzuerhalten, während Sie im Stillen in Siebenerschritten von hundert rückwärts zählen. Sie können fühlen, wie der Geist versucht, zwei Dinge gleichzeitig zu erfassen, wie er zwischen den Füßen und der mentalen Mathematik hin und her springt.

Da unser Geist nicht dafür gemacht ist, auf zwei Dinge zugleich vollkommen aufmerksam zu achten, entgehen uns immer sehr viele Dinge. So sind wir uns zum Beispiel die meiste Zeit nicht unserer Atmung bewusst; wir lassen den Körper von selbst atmen. Wenn Menschen beginnen, Achtsamkeit auf die Atmung zu üben, die Aufmerksamkeit also auf den simplen Akt des Atmens zu richten, dann kann es geschehen, dass sie alle möglichen Klimmzüge machen, um herauszufinden, was ein „normaler" Atem ist. Wie lang oder wie tief sollte er sein? Sollten sie nur die Brust oder auch den Bauch bewegen? Sie müssen lernen, sich nicht in die Atmung einzumischen oder sie zu forcieren, ihren Geist einen Zeugen der Atmung sein zu lassen, so als beobachteten sie sich selbst in der Nacht, während sie tief schlafen.

Wenn wir unsere Aufmerksamkeit auf die Atmung konzentrieren, dann können wir nicht auf unsere Liste der Dinge, über die man sich Sorgen machen sollte, achten. Deshalb kann die Atemmeditation den Blutdruck senken und Stress reduzieren.

Vertiefung

Die zahllosen Anblicke, Empfindungen und Klänge zu ignorieren, die auf unsere Augen, unsere Ohren und unsere Haut einstürmen, mag notwendig sein, wenn wir uns darauf konzentrieren müssen, eine Aufgabe zu erledigen – wie etwa vor einer Prüfung ein Buch zu lesen, eine entscheidende E-Mail zu schreiben oder bei einem Videospiel eine hohe Punktzahl zu erreichen –, aber dieses ganze sensorische Ausblenden verbraucht Energie. Wenn es uns möglich ist, diese unsichtbaren Schutzschilde loszulassen und unsere Aufmerksamkeit für alles, was uns umgibt, zu öffnen, so ist das, als träten wir aus einem engen, stickigen Raum heraus und fänden uns auf einer Alpenwiese wieder. Augenärzte sagen uns, dass wir unseren Augen Erholung gönnen sollten, wenn wir längere Zeit auf ein nahes Objekt wie ein Buch oder einen Computerbildschirm konzentriert waren, indem wir regelmäßig den Blick in die Ferne schweifen lassen, um so unser Sehvermögen zu schützen. Dasselbe gilt für unseren Geist. Wir müssen ihn regelmäßig aus seinem kleinen Kasten herauslassen, sodass er sich so weit wie möglich ausdehnen kann.

Wenn wir auf das achten, worauf unsere Aufmerksamkeit gerichtet ist, wenn wir also das betrachten, worauf unser Geist konzentriert ist, dann ist der Horizont unserer Aufmerksamkeit gewöhnlich ziemlich begrenzt. So ist auch unsere Weltsicht ziemlich ichbezogen. Ichbezogenheit ist im Buddhismus nicht negativ besetzt – es ist einfach eine Beschreibung der Tatsache, dass alle Menschen von Natur aus auf sich selbst bezogen sind. Der größte Teil unserer Aufmerksamkeit gilt insbesondere dem Verfolgen dessen, was uns Lust bereitet, und dem Vermeiden dessen, was potenziell gefährlich oder unangenehm ist, wobei wir alles andere ignorieren. Ich werde der schönen Frau nachlaufen, dem Obdachlosen aus dem Weg gehen und die Person, die neben mir in der Schlange steht, ignorieren.

Wenn wir in Meditation sitzen oder in das kontemplative Gebet eintreten, lassen wir die Machenschaften des Geistes zur Verfolgung und Vermeidung los. Wir gestehen uns ein, dass uns im Laufe unseres geschäftigen Tages sehr viel entgangen ist. Jetzt öffnen wir unser Gewahrsein bewusst so weit wie möglich, sodass es alles umfassen kann, was ist, genauso, wie es ist: die Bewegung unseres Brustkorbs, während wir atmen, das Summen der Klimaanlage, der Parfümgeruch, den jemand hinterlassen hat, der den Raum bereits verlassen hat, und das in unserem Geist auftauchende Bild des Schokoladenriegels, der in unserer Schreibtischschublade liegt. Wir nehmen das alles zur Kenntnis, ohne jeglichen inneren Dialog, ohne Kritik oder Beurteilung. Wir bemerken auch, dass das Feld unserer sinnlichen Bewusstheit sich augenblicklich verändert, wenn der innere Dialog wieder beginnt. Dann bringen wir die inneren Stimmen zum Schweigen und öffnen unser Gewahrsein erneut.

Im Zen nennt man dies „Nichtwissen". Es ist eine besondere Art der Unwissenheit, eine sehr weise Art der Unwissenheit. Wenn wir im Nichtwissen ruhen, eröffnen sich uns viele Möglichkeiten. Wir hören vielleicht Dinge, von denen wir zuvor nicht wussten, dass sie da waren – das Zirpen einer Grille oder das Einsetzen eines sanften Regenschauers. Vielleicht hören wir sogar eine leise innere Stimme, die uns einige wichtige Wahrheiten mitteilt.

SCHLUSSWORTE: Um sich eine Erfrischungspause zu gönnen, unterlassen Sie es wenigstens einmal am Tag, etwas wissen oder tun zu wollen. Öffnen Sie Ihr Gewahrsein und sitzen Sie einfach in „Nichtwissen".

37

Der Wind

DIE ÜBUNG: Werden Sie der Bewegung der Luft gewahr, sowohl in ihren offenkundigen Formen wie dem Wind als auch in subtileren Formen, wie etwa der Atmung.

Gedächtnisstützen

Befestigen Sie an geeigneten Stellen in Ihrem Heim und am Arbeitsplatz das Wort „Wind".

Entdeckungen

Der Wind hat viele Formen, von einem schweren Sturm bis zu einem sanften Atemzug. Wenn wir uns an diese Übung erinnern und unsere Sinne eine ganze Woche lang mehrmals am Tag öffnen, dann werden wir langsam beginnen, die subtileren Arten der Luftbewegung zu bemerken. Menschen machen Wind. Da ist die Bewegung der Luft in Ihrer Atmung, wenn Sie schnüffeln, wenn Sie auf ein heißes Getränk pusten, wenn Sie seufzen. Die sich bewegende Luft berührt Ihre Haut beim Gehen, selbst in Innenräumen. In vielen Geräten bewegt sich Luft, etwa in einem Wäschetrockner, in der Mikrowelle und in Kühlschränken.

Ein Übender bemerkte, dass sein Körper Wind bereits wahrnahm und eine Gänsehaut entstehen ließ, bevor sein Geist eine kühle Brise überhaupt zur Kenntnis genommen hatte. Unser Körper ist unserer Umgebung gewahr, auch wenn wir es nicht sind – etwa wenn wir unbewusst geworden oder eingeschlafen sind. Er reagiert, um uns zu schützen, indem er unsere Körperbehaarung aufrichtet, um eine isolierende Schicht über der Haut zu erzeugen, so etwas wie eine dünne Daunenjacke. Einige alte Meister bezeichneten dies als ein Beispiel für die uns innewohnende Buddha-Natur, die ständig für uns sorgt.

Wenn unsere Sinne empfindsamer werden, dann entdecken wir, dass wir eine Luftbewegung erzeugen, wann immer wir uns bewegen. Auch das Reden ist eine Luftbewegung. Jedes Geräusch ist eine Luftbewegung. Ein Segler hat uns erklärt, dass der Wind ständig die gesamte Erde umkreist. Wenn er auf seinem Boot ist, achtet er auf den Wind und das Wetter, das dieser bringen wird; denn täte er das nicht, könnte ihn das in der Mitte des Ozeans das Leben kosten. In einem Sturm muss er sein Boot gerade in den Wind ausrichten, sonst könnte es durch eine Sturmböe zum Kentern gebracht werden.

Wenn man Segeln lernt, lernt man auch, den Wind zu lesen, indem man kleine Veränderungen auf der Wasseroberfläche oder in der Ausrichtung einer Flagge oder einer Fadensonde erkennt. Ist keine Flagge oder Fadensonde sichtbar, kann ein Segler die Windrichtung erkennen, indem er Seevögel, wie etwa die Möwen, beobachtet, die stets gerade gegen den Wind ausgerichtet segeln, damit ihre Federn nicht zerzaust werden. Diese Achtsamkeitsübung lädt uns dazu ein, eine ähnliche Sensibilität für die Veränderungen des Windes zu entwickeln.

Vertiefung

Woher wissen wir, dass ein Wind weht? Nehmen Sie sich einen Augenblick Zeit, darüber nachzudenken.

Es gibt viele Möglichkeiten, „Wind" zu erfahren: indem man seine Berührung spürt, indem man eine Änderung der Temperatur spürt, indem man sieht, wie er andere Dinge bewegt, und indem man ihn durch andere Dinge wehen hört. Was wir Wind nennen, ist im Wesentlichen eine Veränderung – eine Veränderung dessen, was wir sehen (sich bewegende Blätter), eine Veränderung dessen, was wir fühlen (kühlere Haut), oder eine Änderung dessen, was wir hören (ein heulendes Geräusch). Dass ein Wind weht, erkennen wir nur indirekt durch die Nervenimpulse, die von unserer Haut, unserem Trommelfell und unserer Retina zum Gehirn reisen. Natürlich trifft dies für alles zu, was wir wahrnehmen; wir können die Wirklichkeit nicht direkt erkennen. Es gibt keine Möglichkeit, die unabhängige Existenz irgendeines anderen Dings zu beweisen, da unsere Wahrnehmung dieser anderen Dinge durch elektrische Impulse in unserem Nervensystem erzeugt wird.

Wenn tiefe Stille im Geist herrscht, kann alles Mögliche ein plötzliches Erwachen hervorbringen, selbst der Wind. In seiner Jugend erkrankte der Zen-Meister Yamada Mumon an einer schweren Tuberkulose. Die Ärzte meinten, er werde sterben, und sie stellten seine Behandlung ein. Er lebte mehrere Jahre in totaler Isolation, dem Tod ergeben, und dabei wurde sein Geist allmählich still und gelassen. An einem hellen, klaren Sommertag sah er, wie einige Blumen im Garten im Wind schwankten, und dabei erwachte er zutiefst zu der Existenz einer großen Macht. Er erkannte, dass diese unendliche Energie, die ihm und allen Lebewesen Leben geschenkt hatte, ihn umgab und durch ihn lebte. Er schrieb das folgende Gedicht, und bald darauf war seine lebensbedrohliche Krankheit geheilt:

> Alle Dinge sind umfangen
> Vom universalen Geist,
> Wie mir der kühle Wind
> An diesem Morgen verriet.

Dem, was Mumon Roshi den „universalen Geist" nannte, hat man viele Namen gegeben. Es hat keinerlei Grenzen. Es reicht überall hin, durch Zeit und Raum hindurch. Und doch manifestiert es sich nicht anders als durch jedes kleine Ding, jeden Atemzug, jedes Geräusch, jedes fallende Blütenblatt, das im Wind segelt.

SCHLUSSWORTE: Es gibt eine subtile Achtsamkeitsübung, bei der man des Atems an den Nasenflügeln gewahr wird. Probieren Sie sie aus. Einige Stunden lang. Da gibt es kein Risiko, außer dass Sie riskieren, sich der feinen Veränderungen, die das Gewebe unseres Lebens ausmachen, stärker bewusst zu werden.

38
Zuhören wie ein Schwamm

DIE ÜBUNG: Hören Sie anderen Menschen zu, als wären Sie ein Schwamm, der das aufsaugt, was die andere Person sagt. Lassen Sie den Geist still sein und nehmen Sie einfach nur auf. Formulieren Sie in Ihrem Geist keinerlei Antwort, solange keine Antwort verlangt wird oder offenkundig notwendig ist.

Gedächtnisstützen

Befestigen Sie die Worte „Zuhören wie ein Schwamm" oder das Bild eines Ohres und eines Schwamms an geeigneten Stellen.

Entdeckungen

In unserem Kloster nennen wir diese Übung „absorbierendes Hören", und wir haben herausgefunden, dass dies den meisten Menschen nicht leichtfällt. Manche Menschen, wie etwa Musiker, haben gelernt, musikalischen Klängen mit absorbierender Aufmerksamkeit zu lauschen, aber das bedeutet noch nicht, dass sie auf dieselbe Weise zuhören können, wenn eine Person zu ihnen spricht. Gute Psychotherapeuten benutzen dieses absorbierende Zuhören. Sie sind dabei hellhörig für subtile Veränderungen in der Stimmlage des Sprechenden, die auf etwas hinweisen, das tiefer liegt als die Worte, das den Worten sogar widersprechen kann – ein Stocken, unterdrückte Tränen oder verborgene Wut, die erkundet werden müssen.

Rechtsanwälte sind darauf trainiert, genau das Gegenteil zu tun, besonders wenn sie in der gespannten Atmosphäre eines Gerichtssaals arbeiten. Sie hören auf Fehler und Diskrepanzen in dem, was jemand sagt, während sie gleichzeitig in ihrem Geist eine Widerlegung formulieren. Dies mag im Gerichtssaal funktionieren, aber zu Hause ist es nicht gerade förderlich, wenn man sich so gegenüber seinem Ehepartner oder seinen Kindern verhält, insbesondere gegenüber Teenagern.

Beim Üben des absorbierenden Zuhörens bemerken vielleicht sogar Menschen, die keine Rechtsanwälte sind, die Präsenz eines inneren Anwalts – eine mentale Stimme, die sagt: „Jetzt mach doch mal hin und hör auf zu reden, sodass ich dir sagen kann, was *ich* denke" – was natürlich ein ruhiges, aufmerksames Zuhören stört.

Die Leute bemerken auch, wie oft ihr Geist sogar innerhalb einer einzigen Minute abschweift, während ein anderer Mensch spricht. Der Geist springt zu einer Einkaufsliste oder einer bevorstehenden Verabredung oder zu einem vorübergehenden Menschen, der aus den Augenwinkeln wahrgenommen wird. Absorbierendes Zuhören ist nicht einfach. Es ist eine Fertigkeit, die man mit der Zeit lernen muss.

Vertiefung

Um auf absorbierende Weise zuhören zu können, müssen wir Stille in Körper und Geist erzeugen. Dies ist Achtsamkeit in Aktion, ein Festhalten eines Kerns der Stille im Inneren in dieser sich ständig bewegenden, lautstarken Welt. Wenn Sie genau hinhören, werden Sie als Teil dieser Geräuschkulisse auch Ihre eigenen Gedanken bemerken. Sie nehmen diese vorüberziehenden Gedanken wahr wie das Geräusch eines vorbeifahrenden Autos, ohne sich davon stören zu lassen.

Wenn Sie diese Übung mit der Unterstützung einer Gruppe oder Gemeinschaft ausprobieren, so ist einer der interessantesten Aspekte, sich auf der Seite des Empfängers zu befinden – zu bemerken, wie Sie sich fühlen oder wie Sie reagieren, wenn jemand *Ihnen* auf absorbierende Weise zuhört. Die meisten Menschen fühlen Dankbarkeit für einen derart aufmerksamen Zeugen. Sie fühlen sich wertgeschätzt.

In dem Film *Darf ich bitten?* gibt es eine Szene, die mich immer sehr berührt hat. Ein Mann, dessen Ehe gescheitert ist, fragt: „Warum heiraten die Leute nur?" Sein Begleiter antwortet: „Weil wir einen Zeugen für unser Leben brauchen. Du sagst damit: ‚Dein Leben wird nicht unbemerkt vorübergehen, weil ich sein Zeuge sein werde.'"

Es gibt eine buddhistische Rezitation zum Hervorrufen von Mitgefühl, die deutlich macht, welche wichtige Rolle das Zuhören bei der Fürsorge für andere spielt. „Wir werden üben, so aufmerksam zuzuhören, dass wir fähig sind zu hören, was der andere sagt – und auch, was ungesagt bleibt. Wir wissen, dass wir durch aufmerksames Zuhören bereits sehr viel von dem Schmerz und dem Leiden eines anderen lindern können."

Therapeuten, die im absorbierenden Zuhören geschult sind, sagen, dass es an sich bereits eine Heilung auslösen kann. Es gibt Formen der Therapie, in denen der Therapeut gar nichts sagt, sondern die Weisheit der Klienten von selbst hervortreten lässt, während die Klienten sich selbst sprechen hören.

Einer meiner Schüler, der in einer Familie aufgewachsen ist, in der ihm nie jemand zugehört hatte, sagte mir, es fühle sich für ihn so an, als bekäme er „lebenspendendes Manna" geschenkt, wenn ihm jemand mit voller Aufmerksamkeit zuhöre. Manchen Menschen ist es zuerst unangenehm, wenn jemand einfach *nur* auf das hört, was sie sagen, weil so etwas einfach nicht zu ihrer bisherigen Lebenserfahrung gehört. Sie haben anfangs das Gefühl, unter die Lupe genommen zu werden wie ein biologisches Präparat.

Absorbierendes Zuhören kann Ihnen auch Gleichmut gegenüber den schwierigen Stimmen in Ihrem eigenen Geist vermitteln. Wenn Ihr innerer Kritiker so etwas Absurdes sagt, wie: „Sieh dir nur an, was du für Falten hast. Ich hasse sie! Du solltest nicht alt werden!" – dann können Sie das, was er sagt, einfach nur hören, ohne es zu glauben oder darauf zu reagieren.

SCHLUSSWORTE: Absorbierendes Zuhören ist an sich schon therapeutisch; Sie brauchen keinen Abschluss in Psychologie, um es zu praktizieren.

39
Wertschätzung

DIE ÜBUNG: Halten Sie während des Tages mehrfach inne und identifizieren Sie bewusst, was Sie in diesem Augenblick wertschätzen können. Es könnte etwas an Ihnen selbst sein, etwas an einer anderen Person oder an Ihrer Umwelt, oder es könnte etwas sein, das Ihr Körper tut oder empfindet. Dies ist eine Erkundung. Seien Sie neugierig und fragen Sie sich: „Gibt es etwas, das ich eben jetzt wertschätzen kann?"

Gedächtnisstützen

Befestigen Sie an geeigneten Stellen das Wort „Wertschätzen".

Entdeckungen

Viele Menschen haben versucht, Affirmationen zu verwenden, um sich glücklicher zu machen oder um eine positivere Sichtweise zu gewinnen, und Sätze vor sich hin gesagt wie „Ich bin liebenswert" oder „Heute wird ein guter Tag, der mir bringt, was ich mir wünsche". Affirmationen mögen zu bestimmten Zeiten wertvoll sein, aber sie können auch einen verstörten Geisteszustand übertünchen. Diese Achtsamkeitsübung ist etwas ganz anderes.

Die Übung von Wertschätzung ist eine Erkundung. Können wir in diesem Augenblick irgendwo irgendetwas finden, das Ursache unserer Wertschätzung sein kann? Wir schauen uns um, lauschen, fühlen. Irgendetwas? Wenn wir uns nur ein wenig Zeit nehmen, mögen wir feststellen, dass da viele Dinge sind, die wir wertschätzen können – von der Tatsache, dass wir trocken gekleidet und satt sind, bis hin zu der Begegnung mit einer freundlichen Verkäuferin oder dem Empfinden der Wärme einer Tasse Tee oder Kaffee in unserer Hand.

Eine Kategorie von Dingen, die wir wertschätzen können, ist das, was wir als positiv erfahren, etwa genug Essen im Bauch zu haben. Zu einer anderen Kategorie von Dingen gehören solche, die nicht vorhanden sind, wie etwa Krankheit oder Krieg. Wir wissen ihre Abwesenheit nicht wirklich zu schätzen, ehe wir nicht ihr Vorhandensein erlitten haben. Haben wir uns von einer schweren Grippe erholt, dann sind wir für kurze Zeit dankbar dafür, wieder gesund zu sein, dafür, dass wir nicht mehr brechen oder husten müssen; wir sind glücklich, dass wir einfach nur essen und laufen können. Wir wissen die Gesundheit nicht zu schätzen, wenn wir nicht einmal krank gewesen sind, wir schätzen Wasser nicht wirklich, ehe wir einmal Durst verspürt haben, und wir würdigen den elektrischen Strom nicht, bis er einmal ausfällt.

Diese Übung hilft uns innezuhalten, unsere Sinne zu öffnen und für das empfänglich zu werden, was eben jetzt in unserem Leben verfügbar ist.

Vertiefung

Diese Übung hilft uns, Freude zu kultivieren. Der buddhistische Terminus für Freude ist *Mudita*. Dies bedeutet mehr als nur Wertschätzung für das, was uns ein gutes Gefühl gibt. Es umfasst auch das Glück, das wir empfinden, wenn wir die Freude und das Glück anderer Menschen sehen. Diese Art von Freude ist nicht schwer zu erfahren, wenn es sich dabei um Menschen handelt, die wir lieben. Wir können zum Beispiel leicht die Freude unseres Kindes über ein neues Spielzeug teilen. Was geschieht jedoch, wenn jemand, den wir nicht mögen oder auf den wir eifersüchtig sind, etwas erhält, das wir selbst uns wünschen, etwa öffentliche Anerkennung oder eine Auszeichnung? Können wir uns an der Freude dieses Menschen freuen? Das ist nicht leicht.

Ist Ihnen jemals aufgefallen, wie schnell unser Geist sich auf Dinge konzentriert, die nicht stimmen – mit uns selbst, mit den Menschen in unserer Umgebung, mit unserer Arbeit und mit der Welt? Unser Geist ist wie ein Rechtsanwalt, der den Vertrag für „Mein Leben" liest, immer auf der Suche nach Fehlern oder Verletzungen des Vertrags. Der Geist wird magnetisch vom Negativen angezogen. Denken Sie nur an die Nachrichten. Die Aufmerksamkeit der Zuschauer oder Leser wird vor allem von Naturkatastrophen gefesselt oder Katastrophen, die vom Menschen herbeigeführt wurden, sowie von Kriegen, Bränden, Morden, Bombenattentaten, dem Rückruf von potenziell gefährlichem Spielzeug oder Automobilen, von Epidemien und Skandalen. Warum wird unser Geist so vom Negativen angezogen? Weil er sich um die positiven Dinge, die geschehen könnten, keine Sorgen zu machen braucht. Wenn gute Dinge geschehen, na gut, das ist toll, aber der Geist übergeht diese sehr schnell wieder. Die Hauptsorge des Geistes ist es, uns vor dem Negativen, dem Gefährlichen zu beschützen.

Unglücklicherweise bedeutet dies, dass Negativität unser Bewusstsein einzufärben beginnt, oft, ohne dass wir es bemerken. Wenn uns diese unterschwellige Neigung unseres Geistes zum Negativen nicht bewusst wird, dann kann sie unbemerkt zunehmen und uns zu dunkleren Bewusstseinszuständen führen, wie etwa Furcht und Depression. Um dieser Neigung entgegenzuwirken und sich von der mentalen Gewohnheit unterschwelliger Negativität abzuwenden sowie mit dem Leben, das wir leben, zufriedener zu sein, brauchen wir das Gegenmittel – Mudita.

SCHLUSSWORTE: Maezumi Roshi hat uns immer ermahnt: „Schätzt euer Leben!" (Er meinte sowohl unser Alltagsleben als auch unser eines großes Leben. Sie sind nicht voneinander getrennt.)

40
Zeichen des Alterns

DIE ÜBUNG: Lenken Sie Ihre Aufmerksamkeit in dieser Woche auf Zeichen des Alterns an Ihnen selbst, an anderen Menschen, an Tieren und Pflanzen und an unbelebten Dingen. Woher wissen wir, dass etwas altert?

Gedächtnisstützen

Befestigen Sie an geeigneten Stellen das Wort „Altern" oder Bilder einer alten Person, insbesondere am Spiegel in Ihrem Badezimmer.

Entdeckungen

Diese Übung führt in unserem Kloster immer zu vielen Einsichten und lebendigen Diskussionen. Wenn wir darauf achten, sehen wir überall Zeichen des Alterns. Früchte verfaulen, Blütenblätter vertrocknen und fallen ab, Gebäude bekommen Risse, Autos rosten. Wenn sie das Alter von etwa 30 Jahren überschritten haben, berichten junge Leute oft erschreckt, dass ihr Körper nicht mehr so leistungsfähig ist oder so schnell heilt, wie er es tat, als sie noch jünger waren. Ich erinnere mich noch, wie ich mir einmal den Knöchel verstaucht habe und noch einen Monat später einen stechenden Schmerz fühlte und unsicher auf den Beinen war. Ich war total entrüstet. Warum tat mein Körper nicht, was mein Geist von ihm verlangte, wie er es zuvor immer getan hatte? Ich erwartete immer noch, dass der Schmerz über Nacht verschwinden würde, wie er es getan hatte, als ich noch ein Teenager war.

Ein Dreißigjähriger berichtete, dass er es nicht ausstehen konnte, wenn man ihn einen „Mann" nannte. Sein Geist sagte: „Nein, mein Vater ist ein Mann, ich bin es nicht." Es war ihm unangenehm, einige wenige graue Haare zu entdecken. Viele junge Menschen gaben zu, dass sie sich dagegen sträuben, „erwachsen zu werden" und ein gewisses Maß an Verantwortung für diese komplexe, sich schnell verändernde Welt zu übernehmen. Es scheint so verwirrend viele Wahlmöglichkeiten zu geben, und die Chance, etwas zum Positiven zu verändern, scheint verschwindend gering zu sein.

Etwa im Alter von 40 Jahren wird den Menschen klar, dass mindestens die Hälfte ihres Lebens vorüber ist. Sie ziehen vielleicht Bilanz und fragen sich: „Welche noch nicht beendeten Aufgaben möchte ich zu Ende führen, solange ich noch genügend Kraft in diesem Körper und Geist habe? Welche Träume möchte ich über Bord werfen?" Etwa ab dem Alter von 50 Jahren berichten viele Menschen, dass sie in den Spiegel sehen und überrascht sind, in der Person, die sie anschaut, ein Elternteil oder sogar einen Großvater oder eine Großmutter zu sehen. Wie bin ich nur so alt geworden? Sie sind überrascht, Falten auf ihren Händen vorzufinden, wenn sie sie ansehen. (Sie sind aufgetaucht, während ich nicht hingesehen habe!) Vielleicht sind sie auch erschreckt darüber, dass sie nicht mehr die Kraft haben, den verklebten Deckel eines Marmeladenglases aufzuschrauben, oder dass sie am Abend schon einige Stunden früher als in jüngeren Jahren müde werden.

Eine Frau in ihren Siebzigern sagte, sie schaue nicht in den Spiegel, weil sie dort nur ihre Falten sehe und diese hasse. Wir fragten in der Gruppe: „Wer von euch bemerkt Bettys Falten, wenn er mit ihr spricht?" Niemand hob die Hand. Betty war überrascht, dass niemand außer ihrem inneren Kritiker etwas gegen ihre Falten hatte. Dann sagte jemand: „Nun ja, ich bemerke sie schon – weil ich sie schön finde."

Wenn unser inneres Alter nicht dem Alter unseres Körpers entspricht, entsteht Betroffenheit. Eine Person spekulierte, dass unser inneres Alter bei jenem Zeitpunkt in unserem Leben, an dem wir uns am glücklichsten gefühlt haben, stehen bleibt. Ein Mann sagte: „Ich dachte immer, dass man von selbst weiser wird, wenn man älter wird, aber heute glaube ich, dass man wirklich daran arbeiten muss." Er wurde gefragt: „Wie macht man das?" Er sagte: „Ich denke, man muss wirklich anfangen, aufmerksam zu sein."

Vertiefung

Die Essenz dieser Übung ist, sich der Vergänglichkeit bewusst zu werden. Alle Dinge altern und zerfallen ständig. Wir müssen immer mehr Mühe darauf verwenden, um sie zusammenzuhalten. Ich war einmal zu Gast in einem makellosen und schönen Haus. Die betagten Besitzer hatten genug Geld, um es in allen Details perfekt instand halten zu lassen. Doch in der Toilette im Keller, die sie wegen ihres hohen Alters nicht mehr aufsuchten, bemerkte ich, dass an einer Stelle des Toilettensitzes die Farbe abgeblättert war. Vor meinem geistigen Auge stand plötzlich ein Bild dieses wunderschönen Hauses, wie es aussehen würde, nachdem es einige Jahrzehnte verlassen und immer mehr verfallen war.

Jemand, der diese Übung praktizierte, berichtete: „Ich habe versucht, mir all der Dinge, die altern, bewusst zu werden – dieses Tees, dieses Plätzchens, dieses Teppichs. Aber als mein Bewusstsein sich ausdehnte, um alles zu umfassen, wurde die Sache erschreckend und mein Geist verschloss sich wieder." Genau.

Ein Mann versuchte die genaue Empfindung zu entdecken, die ihm sagte, wie alt er sei. War es eine Berührung, eine Temperatur, ein Geräusch, ein Geschmack? Er konnte keine solche Empfindung entdecken. Die Vorstellung des Alterns ist abhängig von Vergleichen. Wenn man sich nicht vergleicht, so ist da nur Empfindung mit keinem zusätzlichen Attribut von Alter. Mein Geruchssinn ist nicht mehr so scharf, wie er einmal war. Ich weiß das und ich leide nur dann darunter, wenn mein Geist sich an eine Zeit erinnert, zu der ich „besser" riechen konnte, und den Verlust beklagt.

Wir vermögen die sich verändernden Phasen anderer Lebensformen eher zu würdigen als unsere eigenen. Wir freuen uns daran, einen winzigen Tomatensamen in der Hand zu halten. Wir finden es aufregend, wenn wir den ersten grünen Sprössling sehen, und später genießen wir die saftige, reife Frucht, die entstanden ist. Wenn die Blätter und Stiele unserer Tomatenpflanze braun werden und verdorren, fühlen wir uns nicht betrogen. Wir empfinden sogar Befriedigung, wenn wir die verdorrte Pflanze ausreißen und sie auf den Komposthaufen werfen. Es ist sehr viel schwieriger, sich auf diese frische, offene Weise an jedem Augenblick unseres eigenen Lebens zu freuen – Kleinkind,

Jugendlicher, Erwachsener, alter Mensch, Tod –, ohne Vorher und Nachher, nur dieser Moment, einfach so, wie er ist.

Schlussworte: Wenn wir im gegenwärtigen Augenblick ruhen, haben wir kein Alter.

41
Pünktlich sein

DIE ÜBUNG: Seien Sie für eine Woche zu allen Ereignissen pünktlich. Bedenken Sie, was „pünktlich sein" für Sie und für andere bedeutet. Beobachten Sie, was Sie daran hindert, pünktlich zu sein, und was im Geist auftaucht, wenn Sie oder andere Menschen unpünktlich sind. (Wenn Sie ein Mensch sind, der immer pünktlich ist, dann versuchen Sie vielleicht einmal, einige Minuten zu spät zu kommen, und beobachten Sie, was dann innerlich und außen geschieht.)

Gedächtnisstützen

Befestigen Sie das Bild einer Uhr an strategisch günstigen Orten. Stellen Sie Ihren Wecker fünf Minuten früher als gewöhnlich für das Aufwachen und für Verabredungen, damit Sie sich daran erinnern, pünktlich zu sein.

Entdeckungen

Manche Menschen machen eine Gewohnheit daraus, zu früh zu kommen. Sie haben das Gefühl, das sei höflich und gehöre zu der harmonischen Beziehung zu einer Gruppe. Sie ärgern sich vielleicht über Leute, die zu spät kommen. Andere Menschen geben zu, dass sie gewohnheitsmäßig zu spät kommen. Sie mögen es nicht, auf den Beginn eines Ereignisses zu warten – dann fühlen sie sich gelangweilt und meinen, ihre Zeit zu verschwenden. Manche Menschen fühlen sich nicht wohl, wenn sie zu früh ankommen; es ist ihnen unangenehm, als Erster zu einem Treffen oder zu einer Party zu kommen. Ein Übender überwand diese Angst, indem er die zusätzliche Zeit nutzte, um den Gastgebern zu helfen oder sich zu entspannen und sich informell mit den Gastgebern und anderen zu früh angekommenen Gästen zu unterhalten.

Manche Menschen platzen gerade noch „im letzten Moment" herein. Wenn jemand zu einem periodisch wiederkehrenden Ereignis, wie etwa einer Chorprobe oder einer Unterrichtsstunde, zu spät kommt, so scheint das einen Schneeballeffekt zu haben, und auch andere beginnen, zu spät zu kommen. Diese Übung bringt auch kulturelle Unterschiede ans Licht. In Japan und Deutschland sind die Züge extrem pünktlich und deshalb kann man hier eher damit rechnen, dass Leute pünktlich kommen, als in den Vereinigten Staaten, wo die Menschen allein in ihrem Auto sitzen und sich oft ärgern, in einem der häufigen Verkehrsstaus festzustecken. Ein junger Amerikaner berichtete, er habe einmal den Direktor einer Schule in Japan, in der er unterrichtete, angerufen, um ihm mitzuteilen, dass er etwas zu spät kommen werde. Er erwartete, dass der Direktor ihm für seinen Anruf danken würde, aber stattdessen sagte dieser: „In Japan denken wir an andere Menschen." Für die Verspätung von einer halben Stunde wurde ihm das Gehalt für fast einen ganzen Tag abgezogen. Von jenem Tag an kam er nie mehr zu spät.

Manche Menschen stellen ihre Uhr bewusst ein wenig vor, um ihren Geist zu überlisten und so pünktlich zu sein. Andere setzen sich einen falschen Termin, um sich so unter Druck zu setzen, dass sie eine Aufgabe rechtzeitig beenden. Manche Menschen fanden heraus, dass sie zu spät kamen, weil es ihnen schwerfiel, mit dem aufzuhören, womit sie gerade beschäftigt waren, oder genug Zeit für das Aufräumen einzuplanen. Oft war es so, dass Leute zu spät kamen, weil sie versucht hatten, zu viele Aktivitäten in einen zu kurzen Zeitraum hineinzuquetschen – etwa weil sie noch alle möglichen Besorgungen machen mussten oder eine letzte E-Mail schreiben wollten, bevor sie in ihr Auto sprangen. Dann konnten sie den Wagenschlüssel nicht finden, mussten zurück ins Haus laufen, eine hektische Suche starten, um die Schlüssel dann endlich zu finden und festzustellen, dass sie wieder einmal zu spät kommen würden. Will man pünktlich sein, so mag das bedeuten, dass man nicht nur eine, sondern mehrere Gewohnheiten ändern und sich etwa die Kleidung schon am Vorabend zurechtlegen oder das Abendessen vorbereiten muss.

Durch diese Übung werden vielleicht mehrere innere Stimmen bewusst. Der innere Kritiker mag aufstehen und sagen: „Du bist so dämlich! Kannst du nicht einmal sehen, wie spät es ist? Du kommst immer zu spät! Ich glaube, dein Chef wird dich bald entlassen. Wovon willst du dann deine Miete zahlen oder dein Essen kaufen? Du bist ein hoffnungsloser Fall!" Eine andere innere Stimme, die auftauchen mag, ist der Rationalisierer. Sobald Ihnen klar wird, dass Sie zu spät sein werden, beginnt diese Stimme sich alle möglichen Entschuldigungen auszudenken und sie einzuüben: „Mein Wecker hat nicht geklingelt." – „Gerade, als ich losfahren wollte, bekam ich einen dringenden Anruf." – „Der Verkehr auf der Autobahn war schrecklich!" Die nackte Wahrheit ist: „Ich bin zu spät." Das Einzige, was sich sonst noch zu sagen lohnt, ist: „Es ist meine Schuld und es tut mir leid." Das ist alles.

Manche Menschen kommen nie zu spät und sie könnten es mit einer anderen Übung versuchen. Sie könnten ihren Geist beobachten, wie er andere Menschen beurteilt, die zu spät kommen. Oder sie könnten sich die Aufgabe stellen, bewusst zu spät zu kommen und dann zu sehen, was in ihrem Körper und Geist auftaucht!

Vertiefung

Bei dieser Übung geht es nicht nur um Zeit. Es geht dabei um Bewusstseinszustände und Gewohnheitsmuster. Mit anderen Worten: Es geht um das konstruierte Ich. Wenn wir eine ziemlich hohe Meinung von uns selbst haben, beginnen wir zu glauben, dass unsere Zeit wertvoller ist als die Zeit anderer Menschen. Wir ziehen es vor, der Letzte zu sein, der ankommt, weil wir so viele wichtige Dinge zu erledigen haben und „keine Zeit verschwenden wollen, indem wir nur herumsitzen und reden". Vielleicht halten wir es für einen Teil unserer Identität, besonders produktiv zu sein, und wir sehen keinen Wert darin, mit unseren Kollegen zu reden, weil wir das nicht für produktiv halten.

Es könnte aber auch sein, dass wir eine schüchterne Persönlichkeit besitzen. Wir fühlen uns unwohl dabei, einen Raum zu betreten, zu entscheiden, wo wir uns hinsetzen sollen, anderen Menschen in die

Augen zu sehen und ein Gespräch zu beginnen. So schleichen wir uns lieber ein wenig zu spät zu einer Besprechung hinein und klammern uns an unsere vorhersehbare kleine Rolle in der Tagesordnung, statt zu früh zu kommen und uns darüber Sorgen machen zu müssen, was wir in einer unstrukturierten sozialen Situation tun sollen.

Wenn wir im Ausland reisen, so führt uns das oft vor Augen, dass die Zeit ein menschliches Konstrukt ist – etwas Zweckmäßiges, eine Konvention, die wir erzeugen, um Ereignisse und Menschen in Übereinstimmung zu bringen. In vielen nicht westlichen Kulturen ist die Zeit flexibler. Die Länge eines Tages wird durch die Dauer des Sonnenlichts oder sogar des Mondlichts bestimmt. Ein Tag im Winter ist kürzer, eine Vollmondnacht ist länger. Es gibt keinen exakten Termin für ein Treffen. Zu dem Treffen wird es kommen, wenn die Zeit passend ist. Die Zeit ist passend, wenn alle angekommen sind.

Manchen Menschen fällt auf, dass ihr Geist ihnen sagt, es gebe nie genug Zeit, und das macht sie nervös oder gar ärgerlich. „Wenn sie mir nur genug Zeit geben würden!" Wir müssen unseren Geist fragen, wie viel Zeit denn genug wäre? Wie viel Zeit wäre zu viel? In langen Klausuren mit stiller Meditation wird die Zeit elastisch. Wenn der Geist still und konzentriert ist, kann eine Stunde im Nu vorübergehen. Wenige Minuten können erscheinen wie eine ganze Stunde, besonders wenn ein Teil unseres Körpers sich beschwert.

Wenn wir denken, teilen wir unser Leben in Abschnitte auf, die wir Zeit nennen. Da ist die Zeit unserer Zukunft, die sich nähert, dann eintritt und augenblicklich zur Zeit unserer Vergangenheit wird. Der gegenwärtige Moment scheint winzig und ungreifbar zu sein. Wenn wir nicht denken und einfach nur gewahr sind, sind wir mit der fließenden Natur der sich ständig verändernden Existenz in Einklang. Der gegenwärtige Augenblick ist alles, was es gibt; die Zeit wird irrelevant. Wenn wir stärker im Gewahrsein als im Denken leben, scheint die Zeit sich anzupassen, sodass es gerade genug Zeit gibt, um alle Dinge gänzlich zu erledigen und dann wieder zu verschwinden.

SCHLUSSWORTE: Im gegenwärtigen Augenblick gibt es immer eine Menge Zeit.

42

Dinge aufschieben

> DIE ÜBUNG: Werden Sie sich Ihrer Verschleppungstaktiken bewusst, des Aufschiebens von Dingen, die getan werden müssen. Werden Sie sich sowohl des Wunsches, Dinge aufzuschieben, bewusst als auch dessen, was Sie daraus machen – das heißt, Ihrer Methode der Verschleppung. Sehen Sie genau hin, was zu diesem Aufschieben führt, und finden Sie heraus, welche Strategien funktionieren, um es zu überwinden.

Gedächtnisstützen

Befestigen Sie Zettel mit dem Wort „Aufschieben" an solchen Orten, an denen Sie gern Aufgaben aufschieben, wie etwa in Ihrem Schlafzimmer (in der Nähe eines Haufens schmutziger Wäsche), in der Küche (in der Nähe eines Stapels schmutzigen Geschirrs) oder im Badezimmer (an Ihrem unordentlichen Medizinschränkchen). Sie können auch Notizen an Orten oder Dingen anbringen, denen Sie sich gern zuwenden, um etwas aufzuschieben. Sie könnten eine Notiz an Ihrem Fernseher, Ihren Videospielen oder auch an Ihrem Computer anbringen.

Entdeckungen

Als wir diese Übung in unserer Gruppe besprachen, konnten die meisten Menschen eine Aktivität identifizieren – ein Telefongespräch, ein Referat, einen Brief, eine Bewerbung, ein wichtiges Gespräch –, die sie aufgeschoben hatten. Eine Frau berichtete, dass sie jetzt, Ende Februar, gerade damit begonnen hatte, ihren jährlichen Brief zum Jahresende an Freunde und Familienmitglieder zu verfassen. Sie fühlte sich verpflichtet, auf jede Kopie des Briefes noch eine kleine persönliche Notiz zu schreiben, was, wie sie voraussah, noch einen weiteren Monat brauchen würde. Als sie das Aufschieben genauer untersuchte, wurde ihr klar, dass sie die Dinge verschleppte, weil sie gerade dann, wenn die Briefe abgeschickt waren, herausfinden könnte, dass sie nicht perfekt waren. Dies ist ein Beispiel dafür, wie der innere Kritiker mit uns umspringt. Wenn sie die Briefe abgeschickt hat und diese nicht perfekt sind, wird der innere Kritiker sie zusammenstauchen. Wenn sie das Versenden bei dem Versuch, die Briefe perfekt zu machen, aufschiebt und diese deshalb zu spät oder niemals abschickt, wird der innere Kritiker ebenfalls unzufrieden sein. Dem inneren Kritiker kann man nichts recht machen. Sein einziger Job ist es, zu kritisieren, und diesen Job erledigt er gut.

Ein Mann schob das Schreiben von Bewerbungen auf und bemerkte, dass sein Geist Entschuldigungen fand, wie: „Wenn ich nicht noch dieses und jenes zu tun hätte, dann hätte ich Zeit, die Anschreiben zu verfassen." In Wirklichkeit verschwendete er jedoch die Zeit, die er zur Verfügung hatte. Eine andere Person entdeckte, dass sie jeden einzelnen Schritt verschleppte – sich hinzusetzen, um einen Brief zu tippen, den Brief zu überarbeiten, den Brief auszudrucken, einen Umschlag und dann die richtige Adresse zu finden. Sie sagte: „Ich glaube, ich habe die Vorstellung in meinem Kopf, dass jeder Schritt schwieriger sein oder länger dauern wird, als das jemals der Fall ist."

Wir entdeckten viele Gelegenheiten im Laufe des Tages, um Dinge aufzuschieben oder faul zu sein: schmutziges Geschirr in der Spüle für später oder für den Abwasch durch jemand anderen zu hinterlassen, Kleidung am Abend einfach auf den Boden fallen zu lassen, das Bett am Morgen ungemacht zu hinterlassen, etwas, das man neben den Abfalleimer geworfen hat, nicht gleich aufzuheben, wenigstens zwei Stücke Papier an der Rolle mit Toilettenpapier zu lassen, um sie nicht austauschen zu müssen.

Zu dieser Übung gehört es, nach einem neuen Motto zu leben: „Tu es jetzt."

Ein Mann begriff, dass er den ganzen Tag lang Dinge aufschob, angefangen beim Aufschieben des Aufstehens am Morgen. Ein anderer berichtete, es sei ihm möglich gewesen, dieses Problem zu überwinden, als ihm klar wurde, dass das Aufschieben die Dinge nur noch schlimmer machte. Je länger er das Aufstehen aufschob, desto schwerer wurde es aufzustehen – also steht er jetzt sofort auf, wenn der Wecker klingelt. Er erkannte auch, dass er, wenn er es aufschob, sich auf sein Fahrrad zu setzen, um zum Meditationszentrum zu fahren, dies schließlich so lange hinauszögerte, dass er sich dann entschloss, gar nicht zu fahren, weil er sowieso zu spät kommen würde.

Seine Schlussfolgerung war: „Der Geist mit all seinen Bedenken steht einfach einem voll engagierten Handeln im Wege."

Vertiefung

Das Gegenmittel gegen das Aufschieben von Dingen besteht darin, volle Verantwortung zu übernehmen. Dazu gehört, für alles die Verantwortung zu übernehmen – von unserer greifbaren Unordnung (einschließlich der physischen Unordnung eines schmutzigen Kaffeebechers oder eines ungemachten Bettes) bis zu unserer psychischen Unordnung (einschließlich unserer Missverständnisse und Fehler). Im Kloster meines Meisters in Japan muss man es melden und sich dafür entschuldigen, wenn man etwas zerbricht – und sei es nur ein kleiner Teller, der bereits angeschlagen war. Alles im Kloster ist jedermanns Verantwortung.

Da wir uns so sehr in die vielen Aktivitäten des täglichen Lebens verlieren, passiert es leicht, dass wir die wesentlichste Aufgabe des Menschen aufschieben. In einigen Religionen wird diese wesentliche Aufgabe als das Einswerden mit Gott oder die Nachfolge Christi bezeichnet. Im Buddhismus nennt man dies „zum Erwachen gelangen". Wir haben ein gewisses Verständnis dafür, wie wichtig unsere spirituelle Praxis ist, aber irgendwie wird sie von den vielen anderen Dingen, die wir tun müssen, um uns zu ernähren, zu kleiden, unsere Miete zu zahlen und Kinder aufzuziehen, beiseitegeschoben.

Viele Menschen schieben Dinge auf, weil sie sich für das entscheiden, was wenig Mühe macht und unmittelbaren Lustgewinn verspricht – wie etwa ins Kino zu gehen, statt eine Semesterarbeit zu beenden. Sie blenden die unangenehmen Konsequenzen aus, die das unausweichlich in der Zukunft haben wird. Andere schieben aus Abneigung Dinge auf. Wenn sie eine Aufgabe angehen sollen, fühlen sie sich unter Druck gesetzt und überwältigt, und sie realisieren nicht, dass es nur zu noch mehr Druck führt, wenn sie die Erledigung dieser Aufgabe aufschieben. Viele gute Projekte werden nie begonnen oder nie beendet, weil man ein Versagen oder Kritik nach Beendigung des Projekts fürchtet. Manche Menschen vermeiden es zu arbeiten, indem sie sich in Tagträume oder in ein Vergessen im Alkoholrausch flüchten.

Das Aufschieben von Dingen ist per definitionem unproduktiv. Es führt oft gerade zu dem, was wir zu vermeiden suchen, nämlich zu Leiden. Die Essenz der Übung von Achtsamkeit besteht darin, nicht mehr wegzulaufen. Wir halten inne, drehen uns um und gehen geradewegs auf das zu, was wir zu vermeiden versucht haben. Wir setzen es auf unserer Aufgabenliste ganz nach oben und gehen es am Morgen als Erstes an, bevor das Aufschieben erwacht.

Eines Abends besuchte ich eine Frau, die in mittlerem Alter an Krebs erkrankt war und im Sterben lag. Sie war eine angesehene Gelehrte, die alte Texte über den Buddhismus aus dem Chinesischen übersetzt hatte. Nun war sie nur noch ein hautüberzogenes Skelett, das in einem großen weißen Bett lag. Sie hatte nur noch wenige Tage zu leben. Als ich nach unserem Gespräch aufstand, um zu gehen, sagte sie wehmütig: „Ich habe immer gedacht, ich würde später noch Zeit haben, tatsächlich Meditation zu praktizieren. Jetzt gibt es kein Später mehr." Mich an ihre Worte zu erinnern, hilft mir oft, das wirklich Wichtige zu sehen und nichts aufzuschieben.

SCHLUSSWORTE: Wenn Sie nur noch eine Woche zu leben hätten, was wäre Ihnen dann besonders wichtig zu tun oder zu sagen? Schieben Sie es nicht auf.

43
Ihre Zunge

DIE ÜBUNG: Werden Sie sich eine Woche lang beim Essen oder Trinken Ihrer Zunge bewusst. Wenn Sie während einer Mahlzeit bemerken, dass Ihr Geist abschweift, lenken Sie Ihre Aufmerksamkeit wieder auf Ihre Zunge. Es hilft, sich Fragen zu stellen wie: „Was tut oder fühlt meine Zunge genau *jetzt?*" Werden Sie sich der sich verändernden Erfahrungen von Temperatur, Konsistenz, Geschmack und Würzigkeit bewusst. Wo fühlt die Zunge die verschiedenen Geschmäcker am deutlichsten? Wie bewegt sich Ihre Zunge?

Gedächtnisstützen

Befestigen Sie das Bild einer Zunge an Stellen, an denen Sie essen.

Entdeckungen

Wenn Sie Schwierigkeiten haben zu beobachten, was Ihre Zunge tut, hilft es, deren Bewegungen bewusst einzuschränken und dann langsam weiterzuessen und zu beobachten, was geschieht. Ist es Ihnen möglich, ohne Hilfe der Zunge einen Schluck eines Getränks zu nehmen, einen Bissen Nahrung aufzunehmen, zu kauen oder zu schlucken? Es zeigt sich, dass das Kauen zu einer sinnlosen Auf-und-ab-Bewegung der Zähne wird, wenn Sie zu kauen versuchen, ohne die Zunge zu bewegen. Die Zunge ist ein reges kleines Ding; sie ruht fast nie. Sie hilft uns sehr bei Mahlzeiten, beim Kauen, Schlucken, Schmecken und Saubermachen. Sie schwenkt rasch zwischen unseren Zähnen hin und her, vermengt und bewegt die Nahrung und teilt sie gleichmäßig zu beiden Seiten hin auf. Sie fungiert zudem wie eine Reinigungskraft und erforscht mit ihrer sensiblen Spitze die Winkel im Mund nach zurückgebliebenen kleinen Resten von Nahrung und überprüft, ob die Zähne sauber sind.

Die Zunge entdeckt Geschmäcker einschließlich der grundlegenden Geschmacksrichtungen von süß, salzig, sauer und bitter. Die neuere Forschung hat gezeigt, dass die Zunge auch die Geschmäcker Umami (Protein oder herzhaft), Kalzium, Fett, minzig-kühl, würzig-scharf und metallisch empfindet. Die Zunge ist auch für das Schlucken verantwortlich. Es ist interessant zu versuchen herauszufinden, auf welche Weise die Zunge entscheidet, wann es an der Zeit ist zu schlucken. Wenn wir diese Achtsamkeitsübung praktizieren, wird uns schnell klar, dass es sehr schwierig wäre, ohne unsere Zunge zu essen, zu trinken oder gar zu sprechen. Die alte Praktik, einem Menschen die Zunge herauszuschneiden, war tatsächlich eine sehr grausame Strafe.

Vertiefung

Die Übung mit der Zunge ist eines der besten Beispiele für die Kraft der Achtsamkeit. Wenn wir den beruhigten Geist auf etwas ausrichten, dann wird diese kleine Sache sich öffnen und ein ganzes Universum offenbaren, ein Universum, das immer schon vorhanden war, das wir aber nicht wahrgenommen haben. Im Fall der Zunge war es buchstäblich direkt unter unserer Nase verborgen. Gewöhnlich sind wir uns unserer Zunge nicht bewusst, während sie ihre vielfältigen Aufgaben erfüllt. Wir bemerken die Zunge nur, wenn wir darauf beißen oder sie verbrennen. Die Menschen sind oft überrascht, wenn sie anfangen, auf ihre Zunge zu achten. „Sie ist wie ein Männchen, das in meinem Mund lebt und sich da drinnen ständig um alles kümmert."

Die Zunge funktioniert am besten, wenn wir uns nicht um sie kümmern. Dies ist ein gutes Beispiel dafür, dass viele Dinge besser funktionieren, wenn wir ihnen nicht im Weg stehen und nicht versuchen, sie zu kontrollieren. Tatsächlich könnten wir unsere Zungen nicht bei der Erledigung ihrer Aufgaben lenken: „Bewege Teile dieses Bissens auf die rechte Seite. Vorsicht! Hier kommen die Zähne, mach ihnen Platz! Jetzt ist es Zeit zu schlucken – nein, Moment, nicht während ich einatme!" Wir könnten kein Computerprogramm entwerfen, das ausgefeilt genug wäre, um das zu erledigen, was die Zunge für uns tut.

Schon bevor wir geboren wurden, hat unsere Zunge für uns gesorgt, und sie tut es weiterhin 24 Stunden am Tag. Trotzdem bemerken wir sie kaum, solange sie nicht wehtut. So wird in unserem Leben auf vielfältige Weise für uns gesorgt und wir werden auf eine Weise unterstützt, die wir nicht bemerken oder wertschätzen. Wir sind uns der dauernden Präsenz der Erde unter uns, die jeden unserer Schritte trägt, und ebenso der Luft über uns, die genau die richtige Mischung von 21 Prozent Sauerstoff, 78 Prozent Stickstoff und Wasserdampf enthält, um unser Leben zu erhalten, zumeist nicht bewusst. Ebenso, wie wir uns des verborgenen Lebens unserer Zunge bewusst werden können, können wir uns durch Übung auch der vielen Segnungen unseres Lebens bewusst werden.

Schlussworte: Die Zunge hat ihre eigene Weisheit. Wie die meisten Dinge funktioniert sie besser, wenn wir nicht versuchen, sie zu kontrollieren.

44
Ungeduld

DIE ÜBUNG: Werden Sie sich der Ungeduld bewusst, wenn sie im Laufe des Tages auftaucht. Achten Sie auf Signale im Körper (Trommeln mit den Fingern) und das Geschwätz im Geist („Jetzt mach mal hin!"), welche die Ungeduld begleiten. Fragen Sie sich selbst: „Warum bin ich so in Eile? Was möchte ich beschleunigen oder in Gang bringen?" Sehen Sie, welche Antworten auftauchen.

Gedächtnisstützen

Befestigen Sie in Ihrer Umgebung Notizen mit den Worten „Ungeduld bemerken", insbesondere an Orten, an denen Ihrer Erfahrung nach Ungeduld mit großer Wahrscheinlichkeit auftritt.

Entdeckungen

Ungeduld ist eine verbreitete Erfahrung in unserer modernen Welt. Wir werden ungeduldig, wenn der Verkehr sich verlangsamt oder zum Stillstand kommt, wenn jemand zu spät zu einem Treffen kommt, wann immer wir warten und „nichts tun" müssen. Die Körpersignale der Ungeduld sind bei jedem Menschen anders. Dazu gehören eine Beschleunigung des Herzschlags, Trommeln mit den Fingern, Wippen mit den Beinen, eine Verengung in Brust oder Magen, Zappeligkeit. Als ich diese Übung praktizierte, fiel mir auf, dass ich mich beim Autofahren immer nach vorn lehnte, als sei das Fahren eine Verschwendung von Zeit und ich würde schneller ans Ziel kommen, wenn ich mich vorbeugte.

Der Geist signalisiert uns Ungeduld durch Nervosität, Nachlässigkeit, Reizbarkeit und bestimmte Arten inneren Geredes, das manchmal auch laut ausgesprochen wird, wie etwa: „Ich fasse es nicht, wie lange das dauert!" – „Wer steht denn hier auf der Bremse?" – „Du Idiot, nun beweg dich doch mal!" – und viele andere drastische Formulierungen.

Es kann interessant sein nachzuforschen, wo oder wann Sie gelernt haben, ungeduldig zu sein. Waren Ihre Eltern ungeduldig? Haben Sie es in der Schule gelernt, weil der Lehrer langweilig war oder weil der Unterricht zu schnell oder zu langsam voranging? Ungeduldigen Menschen fällt es oft schwer, darauf zu warten, dass jemand aufhört zu reden, und sie unterbrechen diesen Menschen mit einer voreiligen Antwort, weil sie glauben zu wissen, was derjenige letztlich sagen will, und nicht warten können, bis er es endlich ausgesprochen hat. (Ein Gegenmittel ist die Übung des absorbierenden Zuhörens, die im 38. Kapitel beschrieben wurde.)

Ungeduld ist davon abhängig, dass der Geist in die Zukunft vorauseilt und versucht, die Zeit willentlich zu zwingen, schneller abzulaufen. Wenn Menschen lernen, die frühen Anzeichen von Ungeduld zu erkennen und ihre Aufmerksamkeit auf irgendeinen Aspekt des gegenwärtigen Augenblicks zu lenken – ihre Atmung, die Berührung der Kleidung auf der Haut, die Geräusche im Raum –, dann zeigt sich oft, dass die Ungeduld verschwindet.

Vertiefung

Ungeduld ist ein Aspekt von Abneigung, eines der drei Geistesgifte, die im buddhistischen Denken beschrieben werden (die anderen beiden sind Anhaften und Verblendung). Die Vorstellung, dass sie ein Gift sind, ist sehr angemessen, weil diese drei uns tatsächlich geistig und physisch krank machen können. Das Wort „Abneigung" bezieht sich auf unseren irrigen Glauben, dass wir glücklich wären, wenn wir nur etwas oder jemanden loswerden könnten. Die Welt wäre ein wunderbarer Lebensraum, wenn ich nur diesen Job aufgeben oder einen liebevolleren Partner finden könnte, wenn man alle Kriminellen ins Gefängnis stecken würde, wenn wir alle Terroristen oder Demokraten oder Einwanderer loswerden könnten, wenn wir nur alle ungeduldigen Menschen loswerden könnten. Ungeduld ist eine mildere Form der Abneigung.

Wenn der Geist Ungeduld zum Ausdruck bringt oder der Körper sie verrät, kann es hilfreich sein, den Geist zu fragen: „Wir haben es eilig, mit dieser Sache fertig zu werden, um dann was tun zu können?" Üblicherweise sagt der Geist dann: „Damit wir mit der nächsten Sache weitermachen können." Sie wiederholen dann die Frage: „Wir wollen also mit dieser Sache fertig werden und zu der nächsten Sache übergehen, um dann was tun zu können?" Bei jeder Antwort fragen wir weiter: „Und was dann?" Schließlich zeigt sich, dass der Geist es eilig hat, ans Ende dieser Stunde, dieses Tages und, wenn man das logisch weiterdenkt, ans Ende der Woche, ans Ende des Jahres ... und ... ans Ende des Lebens zu gelangen? Wenn wir es eilig haben, müssen wir uns daran erinnern, dass wir letztlich auf das Ende unseres Lebens zueilen. Ist es wirklich das, was wir tun wollen?

Wir beeilen uns auch, Aufgaben hinter uns zu bringen, die wir für langweilig oder lästig halten, wie etwa das Abwaschen von Geschirr, sodass wir zu den Dingen übergehen können, die wir für interessant oder entspannend halten, wie etwa etwas online einzukaufen oder ein Video anzusehen. Wenn wir lernen, von Moment zu Moment Achtsamkeit in alle Aspekte unseres Lebens einzubringen, dann werden auch die Aktivitäten, die wir so schnell hinter uns bringen wollten, interessant. Wenn der Geist nicht an seiner Leine zerrt, um uns in die Zukunft zu ziehen, dann können auch diese Aktivitäten entspannend sein.

Ungeduld ist eine Form von Zorn und dem Zorn/der Abneigung liegt immer Angst zugrunde. Können wir diese Angst benennen, dann können wir beginnen, den Zorn aufzulösen. Frage: Was ist die Angst, die der Ungeduld zugrunde liegt?

Es ist die Angst, dass wir nicht genug Zeit haben. Dies ist sowohl eine unrealistische als auch eine realistische Angst. Sie ist realistisch, weil wir nie wissen können, wann unser Leben zu Ende gehen wird und weil es so viele Dinge gibt, die wir noch tun und erfahren wollen. Sie ist aber auch unrealistisch, weil Zeit eine Schöpfung unseres eigenen Geistes ist. Wenn es uns möglich ist, den Geist ruhigzustellen, in reines Gewahrsein einzutreten und mit dem Fluss der Ereignisse zu fließen, dann verschwindet die Zeit. Die Stille des Ewigen öffnet sich, und wir sind in Frieden.

Schlussworte: Ungeduld stiehlt uns unser Leben. Wenn Ungeduld auftaucht, lassen Sie sich in den gegenwärtigen Augenblick fallen – in das Atmen, Lauschen und Fühlen von Empfindungen.

45
Angst

DIE ÜBUNG: Werden Sie sich Ihrer Angst bewusst. Bemerken Sie alle körperlichen Empfindungen, alle Gefühle und Gedanken, die mit der Angst verbunden sind. Rast das Herz? Rasen die Gedanken? Achten Sie darauf, wann die Angst am Tag zum ersten Mal auftaucht. Taucht sie auf, während Sie Kaffee trinken, während Sie die Nachrichten sehen oder wenn Sie in der Schule oder am Arbeitsplatz ankommen? Halten Sie im Laufe des Tages mehrmals kurz inne, um nachzusehen, ob Angst in Ihnen vorhanden ist. Sie können auch darauf achten, was die Angst verschlimmert und was sie lindert.

Gedächtnisstützen

Sie können in Ihrer Umgebung kleine Zettel befestigen, auf denen steht „Bist du ängstlich?" oder auch Bilder von ängstlichen Gesichtern. Jedes Mal, wenn Sie einen dieser Zettel bemerken, halten Sie inne und forschen Sie nach Anzeichen und Symptomen von Angst.

Entdeckungen

Die Leute sind oft überrascht zu entdecken, dass Angst in ihrem Leben viel häufiger Begleiter ist, als sie dachten. Angst ist in unserer modernen Kultur so allgegenwärtig, dass die Menschen sie oft nicht bemerken, solange ihr Geist nicht durch die Übung von Achtsamkeit ruhiger wird und Veränderungen im Körper und im Geist deutlicher wahrnimmt. Angst mag plötzlich auftauchen, wenn der Wecker klingelt oder beim ersten Klingeln des Telefons. Manche Menschen erkennen, dass sie bereits ängstlich aufwachen. Eine Frau sagte: „Die Angst sitzt am Fußende und wartet darauf, sich auf mich zu stürzen, sobald ich die Augen öffne. Wenn ich die Augen geschlossen halte, kann ich sie fernhalten." Andere Menschen bemerken, dass die Angst in den Morgennachrichten, in der ersten Tasse Kaffee wartet oder sie anspringt, wenn sie zur Arbeit fahren.

Jeder Mensch hat unterschiedliche Empfindungen im Körper, die ihm signalisieren „Angst steigt in mir auf". Vielleicht beschleunigt sich der Herzschlag, die Atmung wird flacher, der Magen zieht sich zusammen, es prickelt in der Armbeuge, die Beine beginnen zu zittern. Jeder hat andere Gedanken, die die Angst begleiten. „Ich werde einmal mehr versagen." – „Er wird mich verlassen." – „Diese Situation ist hoffnungslos." – „Ich werde krank und an dieser Krankheit werde ich sterben."

Menschen, die in der Lage sind, Episoden der Angst in sich selbst zu erkennen und dann zu beobachten, beginnen Muster zu erkennen – bestimmte Arten von Ereignissen oder Situationen, die die Saat sind, aus der die Angst schnell erwächst. Oft wurden diese Samen in der Kindheit gesät. Ein Mann, dessen Bruder ihn in ihrer Kindheit während eines Spiels beinahe erdrosselt hätte, wurde sich bewusst, dass immer dann Angst auftauchte, wenn er einen engen Kragen oder einen Rollkragenpullover trug.

Vertiefung

Angst ist ein Ausdruck dessen, was der Buddha die „Sichtweise des Ichs" nannte, der Vorstellung, dass ich ein getrenntes und einsames Ich bin, das von allen Seiten von den „anderen" bedroht wird. Es ist sehr wichtig, zu lernen, die Angst in ihren frühesten Anzeichen zu erkennen, und Werkzeuge zu entwickeln, um sie zu vertreiben. Tiefes Atmen ist ein wirkungsvolles Gegenmittel.

Wir müssen der Angst auf den Grund gehen, um sie gründlich zu durchschauen. Angst ist immer von Gedanken begleitet, auch wenn diese Gedanken eine Form des inneren Dialogs sein können, die so subtil ist, dass wir sie zunächst nicht bemerken. Gedanken beziehen sich immer auf die Vergangenheit oder die Zukunft, und sei es das, was seit dem Bruchteil einer Sekunde vergangen ist, oder etwas, das den Bruchteil einer Sekunde in der Zukunft liegt. Ruht der Geist in der Gegenwart, dann denken wir nicht – wir erfahren bloß. Auch wenn das Ereignis gefährlich ist, wie etwa ein Autounfall, dann erfahren wir es einfach nur so, wie es geschieht, oft überdeutlich und wie in Zeitlupe. Die Furcht und die Angst kommen später. „Ich bin auf Glatteis geraten und ins Schleudern gekommen. Das hätte mich das Leben kosten können. Meine Kinder wären dann zu Waisen geworden. Was, wenn das wieder passiert?" Gedanken können Angst hervorrufen und sie verstärken. Wenn wir Auto fahren und dabei ängstliche Gedanken haben, ist das nicht „nur Fahren". Wir wissen, dass es nicht sicher ist, beim Autofahren zu telefonieren. Doch was ist, wenn wir ein inneres Telefongespräch führen?

Für den größten Teil unseres Lebens befinden wir uns in einem von zwei Zuständen: Entweder wir sind aufrecht, wach und ängstlich (im Wachzustand), oder wir liegen, sind ruhig und entspannt (wenn wir schlafen). In der Meditation kombinieren wir das Beste dieser beiden Seinszustände. Wir erreichen einen Zustand, in dem der Geist ruhig, aber wach, der Körper aufrecht, aber entspannt, und das Herz offen, aber stark ist.

Merken wir, dass sich Angst einschleicht, dann wird uns bewusst: „Aha, hier kommt die Angst." Da das Aufrechterhalten der Angst vom Denken abhängig ist, steuern wir den Geist weg von Gedanken und hin zu einer der Angst entgegenwirkenden förderlichen Praxis, wie etwa dem tiefen Atmen oder der liebenden Güte. Allmählich lernen wir, unsere Angst schon früher zu entdecken und zu entschärfen. Die Gewohnheitsmuster oder „eingefahrenen Gehirnpfade", die von der Angst hervorgerufen wurden, werden geschwächt und die Angst hat uns nicht mehr im Griff.

SCHLUSSWORTE: Angst zerstört unser Glück auf subtile und alles durchdringende Weise. Sie ist abhängig von Gedanken über Vergangenheit und Zukunft. In der Gegenwart kann sie nicht existieren.

46
Achtsames Autofahren

Die Übung: Bringen Sie achtsame Aufmerksamkeit in Ihr Autofahren. Achten Sie auf alle Körperbewegungen, Bewegungen des Wagens, Geräusche, Gewohnheitsmuster und Gedanken, die mit dem Fahren zu tun haben. (Wenn Sie kein Autofahrer sind, können Sie Ihre Aufmerksamkeit auch auf das Radfahren oder das Fahren in einem Bus oder Zug lenken.)

Gedächtnisstützen

Bringen Sie eine Notiz an Ihrem Lenkrad oder Armaturenbrett an. Es ist am besten, wenn Sie diese Notiz wieder entfernen, bevor Sie zu fahren beginnen, damit diese keine visuelle Ablenkung hervorruft. Sie können sie dann wieder an ihrem Platz anbringen, wenn Sie aus dem Wagen steigen, sodass Sie sie bei der nächsten Fahrt wieder erinnert.

Entdeckungen

Diese Übung ruft den Anfängergeist hervor und hilft dem Übenden, aus dem Fahren auf Autopilot auszusteigen und all die fast unmerklichen Bewegungen beim Fahren zur Kenntnis zu nehmen. Sie können mit dieser Achtsamkeitsübung gleich nach dem Einsteigen in das Auto beginnen. Fühlen Sie den Druck des Sitzes auf Ihren Oberschenkeln, Ihrem Gesäß und Ihrem Rücken. Fühlen Sie, wie Ihre Füße auf dem Boden stehen. Fühlen Sie den Druck des Zündschlüssels, während Sie den Motor starten. Fühlen Sie die Vibrationen, die Ihnen sagen, dass der Motor läuft und Sie ihn nicht abgewürgt haben. Bemerken Sie, wie die Hände das Lenkrad ergreifen – im oberen Bereich, in der Mitte oder unten? Mit einer Hand oder mit zwei Händen? Welche Gefühle tauchen auf, während Sie fahren? So berichten zum Beispiel die meisten Menschen, dass es bei ihnen zu einem Wutausbruch kommt, der ihre geistige Gelassenheit zerstört, wenn sie von einem anderen Fahrer geschnitten werden.

Ich mag es, meine Aufmerksamkeit zur Straße hin auszuweiten, durch die Reifen in den Asphalt, so als sei der Wagen mein Körper und die Reifen wären meine Füße. Ich achte auf die Bodenwellen und Vibrationen, wenn der Wagen aus der Auffahrt auf die Straße und von der Landstraße auf die Autobahn rollt. Ich höre auf die Geräusche des Fahrens, den Klang des Motors, die Geräusche des Fahrtwinds und das Geräusch der Reifen auf dem Asphalt.

Ich habe den japanischen Zen-Meister Harada Roshi einmal von Washington nach Oregon gefahren. Als wir die Grenze zwischen den beiden Bundesstaaten überquerten, schien er halb eingeschlafen zu sein, aber er bemerkte an den Geräuschen sofort die Änderung in der Straßenbeschaffenheit. Ich war beeindruckt von seiner durchgehenden Aufmerksamkeit und gelobte mir, meine eigene weiterzuentwickeln.

Wenn wir achtsames Autofahren üben, dann bemerken wir, dass jede Person einen individuellen Fahrstil hat. Manche Menschen fahren langsam und zaghaft, sodass ihre Mitfahrer ungeduldig werden, während andere noch aufs Gas treten, wenn die Ampel auf Gelb springt, und so durch die Kurven preschen, dass den Mitfahrern übel wird. Manche Fahrer betrachten beim Fahren die Landschaft, oder sie essen und telefonieren, während andere nur auf die Straße konzentriert und auf alle Eventualitäten vorbereitet sind.

Zum achtsamen Autofahren braucht man ein entspanntes und doch waches Bewusstsein. Wenn ich das achtsame Autofahren übe, dann stelle ich mir vor, dass ich – wie man im Zen sagt – „geradeaus" fahre. Dies bedeutet, dass ich mir meines Bestimmungsortes bewusst bleibe und meine Entschlossenheit, dort anzukommen, aufrechterhalte, ganz gleich, wie viele Kurven es gibt, wie oft ich anhalten und wieder losfahren muss, mit wie vielen Umleitungen ich fertig werden muss.

Vertiefung

Da der moderne Mensch so viel Zeit in Beförderungsmitteln verbringt, hilft diese Übung die Frage zu beantworten: „Wann finde ich die Zeit, um Achtsamkeit zu üben?" In einem Fahrzeug achtsam zu sein, kann uns jeden Tag viele Minuten zusätzlicher Übung bescheren und uns zudem helfen, erfrischt an unserem Bestimmungsort anzukommen. Wie bei allen Achtsamkeitsübungen sind beim achtsamen Autofahren Körper, Geist und Herz beteiligt.

Die wesentliche Frage, die all diesen Achtsamkeitsübungen zugrunde liegt, ist: „Bin ich bereit, mich zu ändern?" Achtsames Autofahren verlangt die Bereitschaft, unsere Fahrgewohnheiten zu ändern. Normalerweise sind wir nur bereit, etwas an unserem Leben zu ändern, wenn es nicht mehr funktioniert und wir darunter leiden. So sind wir vielleicht erst dann bereit, die Geschwindigkeitsbegrenzung einzuhalten, wenn wir ein teures Strafmandat erhalten haben. Die Achtsamkeit fordert uns auf, uns aus einem anderen Grund zu ändern – aus reiner Neugier, weil diese Änderung uns zu größerer Freiheit und mehr Glück führen könnte.

Ich fuhr einmal mit einem meiner Zen-Schüler mit und kritisierte seinen unaufmerksamen Fahrstil. Er fragte mich sogleich: „Bitte sagen Sie mir, was Sie sehen und wie ich mich ändern kann." Ich tat das und er änderte sich. Heute ist er ein sehr guter Fahrer. Dies ist die Geisteshaltung eines wahren Schülers – alles, was sich ergibt, als eine Gelegenheit zu begreifen, sich so zu wandeln, dass es anderen nützt.

Wenn Sie mehr Frieden und Zufriedenheit erfahren wollen, müssen Sie alle Aspekte Ihres Lebens untersuchen, sich der Gewohnheitsmuster, die sich in den verschiedenen Bereichen angesammelt haben, bewusst werden, und Sie müssen bereit sein, jene Muster, die nicht förderlich sind, zu verwerfen. Viele Menschen hoffen, dass sie eines Tages jemandem begegnen oder dass etwas geschehen wird, der oder das ihr Leben blitzartig verändern wird. Sie können ihr ganzes Leben damit verschwenden, zu hoffen, dass das Glück irgendwann von außen kommt. Eine stille, grundlegende Zufriedenheit ist jedoch unser Geburtsrecht; sie ist bereits in uns vorhanden. Achtsamkeit gibt uns ein Fahrzeug, das uns direkt an den Ort bringen kann, wo diese Zufriedenheit wohnt.

Schlussworte: Wahre Transformation ist schwierig. Sie beginnt mit kleinen Veränderungen, Veränderungen in unserer Art zu atmen, zu essen, zu gehen und zu fahren.

47
Tief in die Nahrung hineinsehen

DIE ÜBUNG: Nehmen Sie sich beim Essen einen Moment Zeit, um in die Nahrung oder das Getränk hineinzusehen, so als könnten Sie in ihre Geschichte zurückblicken. Verwenden Sie Ihre Vorstellungskraft, um zu sehen, wo diese Dinge hergekommen sind und wie viele Menschen daran beteiligt waren, sie vor Sie auf den Tisch zu bringen. Denken Sie an die Menschen, die die Nahrungsmittel angepflanzt, das Unkraut gejätet, die Nahrung geerntet haben, an die Lastwagenfahrer, die sie transportiert haben, an die Leute, die sie verpackt haben, an die Gemüsehändler und Kassierer an der Ladenkasse sowie an die Familienmitglieder oder anderen Köche, die das Essen zubereitet haben. Danken Sie diesen Menschen, bevor Sie den ersten Bissen oder Schluck nehmen.

Gedächtnisstützen

Befestigen Sie an Ihrem gewohnheitsmäßigen Essplatz Hinweisschilder, auf denen steht „Sieh in dein Essen hinein", zum Beispiel in der Küche oder neben dem Tisch im Esszimmer.

Entdeckungen

In unserem Kloster rezitieren wir vor dem Essen einen Text, der die Zeile enthält: „Wir denken an all die Mühen, die nötig waren, um uns dieses Essen zu bescheren." Wie es bei allen Dingen der Fall ist, die man mehrmals am Tag wiederholt, bedeutet das bloße Rezitieren dieser Worte noch nicht, dass wir bei jeder Mahlzeit tatsächlich an all die Menschen denken, die involviert waren, um diese Nahrung in unsere Essschale zu bringen. Vielleicht sind wir uns vage des Kochs in der Küche bewusst und sind ihm dankbar, wenn das Essen schmackhaft ist. Daher diese Übung.

Wir haben den Vorteil, dass wir in unserem Kloster viele Nahrungsmittel selbst anbauen. Die Arbeit im Garten und in den Gewächshäusern öffnet unseren Geist für ein Bewusstsein des Aufwands, der nötig ist, um unseren Salat und unsere Karotten bereitzustellen. Wir sind unserem Nachbarn dankbar, während wir den Dünger aus seiner Scheune auf unseren Lastwagen schaufeln und ihn wieder vom Lastwagen herunterschaufeln und ihn zusammen mit den Küchenabfällen auf unserem Komposthaufen stapeln. Wer jemals bei unserem jährlichen Einmachen mitgearbeitet hat, hat einen neuen Respekt für Apfelmus gewonnen, nachdem er geholfen hat, viele Eimer Äpfel von den Bäumen des Nachbarn zu ernten, die Äpfel dann zu waschen, zu zerschneiden, zu kochen, zu pürieren und Hunderte von Gläsern Apfelmus einzumachen. Auch wenn wir die Arbeit, die nötig ist, damit wir uns an einen gedeckten Tisch setzen können, besser kennen als die meisten modernen Menschen, sehen wir, wenn wir diese Übung des tiefen Hineinsehens praktizieren, doch sehr deutlich, dass wir viele Nahrungsmittel für selbstverständlich halten, insbesondere jene, die abgepackt kommen, wie etwa Mehl, Zucker, Salz, Käse, Haferflocken oder Milch.

Wir praktizieren diese Übung häufig als Teil unserer Übung des achtsamen Essens. Sie hilft uns, mit dem inneren Auge zu sehen, sodass wir erkennen, wie viele Menschen ihre Lebensenergie investiert haben, um das Essen auf unseren Teller zu bringen: der Koch, die Kassiererin an der Ladenkasse, die Angestellten, die die Regale gefüllt haben, die Fahrer der Lastwagen, die die Nahrungsmittel geliefert haben, die Menschen in den Verpackungsfabriken, die Bauern und die Saisonarbeiter.

Als mein Ehemann und ich kleine Kinder hatten, verbrachten wir vor jeder Mahlzeit einige Minuten in Stille, um darüber nachzudenken, wer uns unsere Nahrung beschert hatte. Wir lebten in einer Großstadt, wo die meisten Kinder glauben, dass alle Nahrungsmittel, einschließlich der Frischwaren, aus dem Supermarkt kommen, wo sie auf geheimnisvolle Weise hinter den Kulissen produziert werden – vermutlich aus Plastik. Selbst viele intelligente Erwachsene in den Vereinigten Staaten wissen nicht, wo ihre Nahrungsmittel herkommen. Als ein Gast unseres Klosters eine Suppe kochte und um Zwiebeln bat, ging ich nach draußen und kehrte mit zwei Zwiebeln zurück, die ich im Garten aus dem Boden gezogen hatte. Der Gast war entsetzt. Was waren das für komische *schmutzige* Dinger?

Die BBC hat sich einmal einen herrlichen Aprilscherz geleistet: Sie brachte in den Abendnachrichten einen Bericht über die ertragreiche Spaghettiernte in der Schweiz. (Sie finden den Videoclip im Internet, wenn Sie als Suchbegriffe „spaghetti harvest Switzerland BBC" eingeben.) Der Film zeigt in Trachten gekleidete Frauen, die fröhlich lange Stränge von Spaghetti von Bäumen pflücken, und Schweizer, die dann die gute Ernte mit einem „traditionellen" Spaghettiessen feiern. Viele Menschen riefen daraufhin bei der BBC an, um zu fragen, wo sie einen Spaghettibaum für ihren Garten kaufen könnten!

Vertiefung

Wenn wir tief in unsere Nahrung hineinsehen, werden wir uns unserer totalen Abhängigkeit von der Lebensenergie zahlloser anderer Wesen bewusst. Hält man einmal inne, um über eine einzelne Rosine in dem Müsli, das man vor sich hat, nachzudenken, und zählt, wie viele Menschen daran beteiligt waren, sie uns zukommen zu lassen – von der Pflanzung des Weinstocks über das Beschneiden des Weinstocks und das Unkrautjäten im Weinberg – dann sind es mindestens ein Dutzend Menschen. Geht man noch weiter zurück zum Ursprung der im Mittelmeerraum gezüchteten Weinstöcke, so sind es Zehntausende von Menschen. Nimmt man noch die nichtmenschlichen Lebewesen hinzu – Regenwürmer, Bodenbakterien, Pilze, Bienen –, dann sind es Millionen von Lebewesen, deren Lebensenergie uns zugutekommt und sich in der Rosine in unserer Schale und letztlich im Leben unserer eigenen Körperzellen manifestiert.

Dies zu erfahren heißt, den wahren Sinn von Kommunion in der eigenen Seele zu erfahren. Jedes Mal, wenn wir essen oder trinken, treten wir in Kommunion mit zahllosen Wesen. Leben stirbt, tritt in unseren Körper ein und wird wieder zu Leben. Dies geschieht immer wieder, bis wir sterben und dann all diese Energie zurückerstatten. Unser Körper zerfällt und ersteht wieder in vielen neuen Lebensformen auf.

Wie können wir so vielen Wesen etwas zurückgeben? Nicht mit Geld. Müssten wir jeder Person, die mit dieser Rosine umgegangen ist, einen Euro zahlen, dann wären Rosinen die Speise der Könige. Können wir sie wenigstens mit dankbarer Bewusstheit würdigen, mit einem achtsamen Moment der Anerkennung ihrer harten Arbeit, bevor wir zu essen beginnen?

Der Zen-Lehrer Thich Nhat Hanh sagt:

> Jemand, der Achtsamkeit praktiziert, vermag Dinge in einer Mandarine zu sehen, die andere nicht sehen können. Eine bewusste Person sieht den Mandarinenbaum, die Mandarinenblüten im Frühling, das Sonnenlicht und den Regen, die den Baum genährt haben. Schaut man tief in die Dinge hinein, dann vermag man die zehntausend Dinge zu sehen, die die Mandarine möglich gemacht haben ... und wie alle Dinge miteinander in Wechselwirkung stehen.

SCHLUSSWORTE: Wenn wir essen, dann fließt die Lebensenergie von vielen Wesen in uns hinein. Wie können wir ihnen das danken? Indem wir für das, was wir essen, voll und ganz präsent sind.

48
Licht

DIE ÜBUNG: Seien Sie sich des Lichts in all seinen Erscheinungsformen, hell und gedämpft, direkt und reflektiert, bewusst.

Gedächtnisstützen

Befestigen Sie das Wort „Licht" oder das Symbol einer leuchtenden Glühbirne an geeigneten Orten, auch an Lichtschaltern oder in deren Nähe.

Entdeckungen

Diese Übung ist ein wunderbares Beispiel dafür, wie Achtsamkeit uns lehrt, Dinge zu sehen, die wir zu ignorieren gelernt haben. In der modernen Welt halten wir Licht für selbstverständlich, doch bevor in der zweiten Hälfte des 20. Jahrhunderts die Elektrizität für den allgemeinen Gebrauch gezähmt wurde, war das Licht kostbar, ja sogar heilig. In unserem Kloster auf dem Land sind Stromausfälle durch Winterstürme durchaus nichts Ungewöhnliches. Während wir dann in dem kleinen Lichtkreis von Kerzen oder Kerosinlampen zu kochen versuchen, verstehen wir, warum der Buddha das Licht – neben Wasser, Nahrung, Kleidung, Unterbringung und Beförderung – zu den grundlegenden Geschenken zählte, die wir großzügig geben sollten. Wenn der Strom nach einem Stromausfall wieder zurückkehrt, schätzen wir das Licht für einige Stunden, aber bald halten wir es wieder für selbstverständlich.

Nach der Erfahrung eines Stromausfalls erfanden die Mitglieder einer anderen Achtsamkeitsgruppe eine Variation dieser Übung: das Praktizieren dankbarer Aufmerksamkeit bei jedem Mal, wo jemand einen Lichtschalter einschaltete. Sie verfolgten den Fluss der Elektronen zurück von der Glühbirne durch die Elektroinstallationen des Hauses, die Stromleitungen, die Umspannwerke bis hin zu den Kraftwerken, und sie beendeten die Übung mit Dankbarkeit für die seit langer Zeit toten Pflanzen und Tiere, deren Körper zu Kohle, Öl und Erdgas geworden waren. Können Sie jetzt für einen Moment innehalten und das Wunder der Elektrizität und des Lichtes wertschätzen?

Das Licht macht es uns möglich, die Stunden nach Einbruch der Dunkelheit zur Selbstdisziplinierung, Unterhaltung, zum Lesen und zum Studium sowie zum Schaffen von Dingen wie Musik und Kunst zu nutzen. Das Licht hat einen Einfluss auf unsere Gefühle; helles Neonlicht und flackerndes Kerzenlicht rufen unterschiedliche Stimmungen hervor. Manche Menschen werden depressiv, wenn die Stunden des Tageslichts im Winter abnehmen. Das Licht scheint Energie und Kreativität in den Menschen anzuregen. Wenn die Stunden des Tageslichts während des Winters in Alaska reduziert sind, halten die Menschen „Winterschlaf". Im Sommer, wenn die Sonne nicht untergeht, werden sie lebendig, sogar etwas überdreht, und brauchen weniger Schlaf. Das Licht hat eine therapeutische Wirkung. Es hat sich gezeigt, dass es ein wirksames Gegenmittel gegen saisonal abhängige Depression ist.

Manche Menschen berichten, dass sie es lieben, die Strahlen der Sonne aufzusaugen, und dass sie sich dabei bewusst sind, dass alles Leben von der Lichtenergie abhängt, die von der Sonne zu uns fließt. Allerdings haben in letzter Zeit auch manche Menschen eine Abneigung gegen das Sonnenlicht entwickelt, nachdem sie all die Warnungen über Sonnenstudios und über die krebserzeugende Wirkung des Sonnenlichts gehört haben. Die daraus resultierende Angst vor Sonnenlicht hat zu einem Wiederauftreten eines alten Gesundheitsproblems geführt – dem Mangel an Vitamin D. In letzter Zeit mussten die Ärzte den Menschen raten, täglich mindestens 15 Minuten direktes Sonnenlicht zu bekommen, da das Sonnenlicht uns hilft, Vitamin D zu erzeugen.

Während sie diese Achtsamkeitsübung praktizierten, wurden sich manche Menschen ihrer Augen als der Organe bewusst, die Licht aufnehmen und es ihrem Inneren zuführen, sodass sie auch eine neue Wertschätzung für das Geschenk des Sehvermögens empfanden. Einer Übenden fiel auf, dass die Schönheit von Farben und kostbaren Steinen vom Licht abhängig ist. Sie wurde sich dessen beim Autofahren bewusst: Die Verkehrslichter leuchteten wie vielfarbige Opale, die Kette von Scheinwerfern, die ihr auf der Autobahn entgegenkamen, sah aus wie eine Kette von Diamanten, und die Bremslichter vor ihr glühten wie Rubine.

Vertiefung

Wenn wir unsere Aufmerksamkeit auf das Licht lenken, finden wir es überall, als Sonnenlicht und künstliches Licht, helles und mattes Licht, direktes und reflektiertes Licht, weißes und vielfarbiges Licht. Es scheint durch grüne Blätter und verwandelt sie in Jade. Es wandert langsam über den Fußboden und kündet so von der Bewegung der Erde. Es erfüllt die Kuppel des Himmels über uns, selbst wenn es durch die Wolken oder den Schatten der Erde gerade verborgen ist.

Wurden die Menschen sich des Lichtes bewusst, dann nahmen sie auch Schatten und Dunkelheit bewusster wahr. Licht ist so günstig und überall erhältlich, dass wir nur selten die Dunkelheit erforschen. Wir finden Licht in der Dunkelheit, oft an unerwarteten Orten. Geht man ohne eine Taschenlampe nachts hinaus in den Wald, sieht man vielleicht viele Arten von fast unmerklichem Licht. Dies öffnet auch die anderen Sinne – das Hören, den Tast- und Geruchssinn. Vielleicht zeigt sich, dass Sie einem Pfad folgen können, indem Sie ihn mit Ihren Füßen „sehen".

Dunkelheit und Licht scheinen Gegensätze zu sein, aber tatsächlich enthält das eine das andere und ist vom anderen abhängig. In der modernen Welt scheinen wir die Dunkelheit zu fürchten. Wir lassen während der Nacht so viele Lichter in unseren Häusern, in unseren Straßen und in unseren Büroräumen brennen, dass wir das Licht der Sterne nicht mehr sehen können. Licht wird oft als etwas „Gutes" und Dunkelheit als etwas „Schlechtes" bezeichnet; doch gäbe es keine Nacht, dann könnten wir unsere Augen und unseren Körper nicht ruhen lassen.

Versuchen Sie, sich der „Dunkelheit" hinter Ihren Augenlidern bewusst zu werden. Sie werden bemerken, dass sie durchaus keine reine

Dunkelheit ist, sondern dass sie von dynamischen Mustern von Licht und Farbe erfüllt ist.

Eine sehr interessante Variante dieser Übung besteht darin, das naturwissenschaftliche Wissen über das Licht einmal beiseitezulassen und es so zu sehen, als ob es *aus* den Objekten herausstrahlt. Für die Kontemplation gibt es einen Zen-Spruch, der lautet: „Alles hat sein eigenes Licht." Zu dieser Kontemplation kann gehören, dass man auf das physische Licht achtet, das jede Person oder jedes Objekt ausstrahlt, oder dass man das besondere Licht beachtet, das jede Person in die Welt bringt.

Das Licht scheint Hoffnung zu schenken. Jesus sagte: „Ich bin das Licht der Welt; wer mir nachfolgt, der wird nicht wandeln in der Finsternis, sondern wird das Licht des Lebens haben." (Johannes, 8,12) Von der Lehre Buddhas sagt man, sie habe „Licht in die Dunkelheit gebracht", sodass die Menschen die Wahrheit selbst erkennen konnten. Der Buddha instruierte seine Anhänger auch, sie sollten „sich selbst eine Leuchte sein", was bedeutet, dass sie das Licht des Geistes benutzen sollten, um die Wahrheit aufzudecken. In der Tradition des tibetischen Buddhismus heißt es, dass unserem grundlegenden Bewusstsein – dem Gewahrsein hinter all unseren Gedanken und Gefühlen – drei Eigenschaften innewohnen: Es ist grenzenlos, klar und leuchtend oder hell. Diese grundlegende helle Klarheit bedeutet, dass der geschulte Geist wie ein Laserstrahl durch die Verblendung hindurchschneiden und die Essenz von allem offenbaren kann, worauf wir den Geist richten.

SCHLUSSWORTE: Jedermann hat sein eigenes Licht. Was ist das Ihre? Können Sie es zum Vorschein bringen, um zu helfen, der Welt Leben zu schenken?

49
Ihr Magen

DIE ÜBUNG: Werden Sie der Empfindungen gewahr, die aus dem Bereich kommen, den Sie „der Magen" nennen. Überprüfen Sie vor und nach den Mahlzeiten die Empfindungen in dieser Gegend. Was kann Ihr Magen Ihnen über Hunger und Sättigung sagen?

Gedächtnisstützen

Bringen Sie das Wort „Magen" oder einfache Bilder eines Magens an verschiedenen Stellen an, auch dort, wo Sie essen.

Entdeckungen

In unseren Klausuren zum achtsamen Essen fordere ich die Teilnehmer auf, sich der Signale, die von ihrem Magen kommen, bewusst zu werden. Wir erkunden die Frage: „Woher weiß ich, dass ich hungrig bin?" Wir ersuchen die Leute auch, vor dem Essen, nach der Hälfte des Essens und nach dem Essen auf den Magen zu achten, um zu sehen, wie voll oder leer er ist. Viele Menschen sind überrascht zu erkennen, dass sie den Kontakt zu ihrem Magen verloren haben. Sie sind sich der Empfindungen in der Bauchregion nur bewusst, wenn diese extrem sind, wenn der Magen knurrt und sich beschwert, er sei leer, oder wenn er „pappsatt" ist und sich beschwert, er sei unangenehm überdehnt. Wenn Menschen Achtsamkeit auf den Magen üben und vor den Mahlzeiten beim Magen nachfragen, bemerken sie oft, dass sie sich selbst dann hinsetzen, um eine vollständige Mahlzeit zu sich zu nehmen, wenn der Magen signalisiert, er sei bereits voll. Sie essen einfach, nur weil die Uhr Mittag oder 18:00 Uhr anzeigt.

Forscher von der Columbia University haben gezeigt, dass übergewichtige Menschen eher dazu neigen, die Signale ihres Magens zu ignorieren, und dass sie stärker von äußeren Faktoren beeinflusst sind, etwa davon, wie ansprechend das Essen präsentiert wird oder wie viel Uhr es ihrer Meinung nach ist. Wird eine Uhr manipuliert, sodass sie Mittag anzeigt, wenn es tatsächlich erst 10:00 Uhr vormittags ist, dann werden sie ein komplettes Mittagessen zu sich nehmen. Normalgewichtige Menschen tun das nicht, weil sie mehr auf innere als auf äußere Signale eingestimmt sind, die ihnen sagen, wann sie hungrig und wann sie satt sind.

Menschen, die sich chronisch überessen und mit Nahrung vollstopfen, gehen über das „Ich bin satt"-Signal ihres Magens hinweg. Tun sie das lange genug, dann scheint die Stärke des Signals abzunehmen, und sie müssen erneut lernen, auf ihren Magen zu „hören". Die Menschen auf Okinawa haben mit die längste Lebenserwartung auf dieser Welt. Bei ihnen gibt es das Sprichwort *hara no hachi bu*, das bedeutet „Iss, bis du zu vier Fünfteln satt bist" (wörtlich: zu acht Teilen von zehn). Die ersten vier Teile unterhalten Ihre Gesundheit, doch wenn Sie noch das letzte Fünftel essen, unterhält das Ihren Arzt. Menschen, die lernen, bei einer Mahlzeit mehrmals bei ihrem Magen nachzufragen, finden fast immer heraus, dass ihnen weniger Nahrung, als sie zu essen gewohnt sind, durchaus genügt.

Achtsames Essen lehrt uns, auf die Weisheit unseres individuellen Körpers zu hören. Bei manchen Menschen zeigt sich, dass sich ihr Magen am Morgen recht wohlfühlt und dass die Hungersignale nicht vor zehn oder elf Uhr vormittags auftauchen. Trotzdem haben sie seit Jahrzehnten stets um sieben Uhr gefrühstückt, weil man ihnen als Kinder gesagt hat, sie könnten in der Schule nicht richtig arbeiten, wenn sie kein deftiges Frühstück zu sich genommen hätten. Zu ihrer Überraschung zeigt sich, dass ihr Energieniveau gut bleibt und ihr Geist klarer ist, wenn sie die erste Mahlzeit des Tages verschieben, bis die Hungersignale auftauchen. Vielleicht entdecken sie auch, dass ihr Körper zu diesem späten „Frühstück" nach Gemüse oder einer Suppe verlangt statt nach den gesüßten Frühstücksflocken oder Pfannkuchen mit Sirup. Andere finden heraus, dass sie wie Kolibris sind. Sie brauchen ein frühes Frühstück und fühlen sich am besten, wenn sie öfter kleine Mengen essen. Jeder von uns ist einzigartig.

Vertiefung

Zu einer bestimmten Übung des achtsamen Essens gehört, dass man nur einen kleinen Bissen Nahrung zu sich nimmt, etwa eine einzelne Rosine oder Erdbeere, und diese sehr langsam und mit voller Aufmerksamkeit kaut. Viele Menschen, die diese Übung ausführen, sind erstaunt, dass sie sich bereits satt fühlen, wenn sie danach bei ihrem Magen nachfragen. Sie rufen aus: „Wie kann ich mich satt fühlen, nachdem ich bloß eine Rosine gegessen habe? Ich habe mein ganzes Leben lang niemals nur eine Rosine gegessen! Was habe ich da übersehen?"

Ein Aspekt des Gefühls, satt zu sein, ist rein körperlicher Natur. Aber es gibt noch einen viel wichtigeren Aspekt: das Erfahren von Befriedigung, die nicht von der Menge des Essens abhängig sein muss, die wir unserem Magen zuführen. Dieser Aspekt hängt davon ab, inwieweit wir mit vollständiger Bewusstheit essen. Sind wir uns der Farben, des Aromas, der Geschmäcker, der Temperaturen und der Konsistenzen dessen, was wir essen, bewusst, dann nimmt unsere Befriedigung durch jede beliebige Menge an Nahrung erheblich zu.

Ich habe einmal eine Frau getroffen, die zwei Jahre nach der Teilnahme an einer Klausur für achtsames Essen überrascht feststellte, dass sie achtzehn überflüssige Kilos abgenommen hatte. Ich fragte sie, was sie getan habe, und sie antwortete: „Ich habe mich gefragt, warum ich esse. Mir wurde klar, dass ich es tat, weil ich meinem Körper ein Gefühl des Friedens geben wollte. Also begann ich, jede Mahlzeit achtsam zu essen und während des Essens mehrfach bei meinem Körper nachzufragen. Sobald mein Körper zufrieden war, hörte ich auf zu essen." Achtsames Essen öffnet unser Bewusstsein für die volle Erfahrung des Essens, die volle Befriedigung durch das Essen. Wird diese Achtsamkeit auf all unsere Aktivitäten angewandt, dann öffnet sie unser Bewusstsein für die volle Befriedigung eines menschlichen Lebens.

Manche Menschen verwechseln Angespanntheit mit Hunger, weil viele der Empfindungen dieser beiden Erfahrungen ähnlich sind – ein nagendes Gefühl in der Magengegend, Schwierigkeiten zu denken, ein zittriges Gefühl und Schwindel. Wenn Sie essen, sobald Sie angespannt sind, mag Ihr Unwohlsein zunehmen, weil Sie gegen Ihren Körper und gegen das, was Sie als gesund erkannt haben, essen. Wenn wir Achtsamkeit anwenden, können wir das, was der Magen uns sagt („Ich bin noch satt und damit beschäftigt, das Mittagessen zu verdauen"), von dem trennen, was unser Geist uns sagt („Ich bin angespannt, weil ich diesen Bericht bis 17:00 Uhr fertigstellen muss") sowie von dem, was unser Herz sagt („Ich fühle mich einsam, weil mein Liebster für drei Tage verreist ist"). Nur wenn wir wissen, welcher Teil von uns hungrig ist, können wir uns auf gesunde Weise ernähren. Die Nahrung, die wir brauchen, könnte ein Sandwich sein, aber genauso oft kann es sich auch um ein Telefongespräch mit jemandem handeln, den wir lieben.

SCHLUSSWORTE: Hören Sie auf die Weisheit Ihres Magens. Sie kann Sie zu größerer Gesundheit und stärkerer Befriedigung führen.

50
Werden Sie sich Ihrer Mitte bewusst

DIE ÜBUNG: Werden Sie sich Ihres Schwerpunkts bewusst. Er ist in der Mitte des Unterbauchs lokalisiert, etwa vier Zentimeter unterhalb des Nabels und in der Mitte zwischen der vorderen Bauchwand und der Wirbelsäule. In den Kampfkünsten wird dieser Schwerpunkt das Hara (auf Japanisch) oder das Dantien (auf Chinesisch) genannt.

Immer, wenn Ihr Geist abschweift, lenken Sie Ihre Aufmerksamkeit wieder zu Ihrem Schwerpunkt zurück. Versuchen Sie, alle körperlichen Aktivitäten von diesem Punkt in Ihrem Körper ausgehen zu lassen – ob Sie nach etwas greifen, ob Sie gehen, sich beugen und so weiter. Man kann selbst auf diese Weise Gemüse schneiden. Lassen Sie jeden Schnitt des Messers vom Hara ausgehen und von dort in den Arm, in die Hand und in das Messer hinabfließen und durch das Gemüse hindurch.

Gedächtnisstützen

Bringen Sie an geeigneten Stellen das Wort „Schwerpunkt" an oder auch das Bild von einem Körper mit einem roten Punkt auf dem Unterbauch, der das Hara darstellt. Sie könnten auch im Bereich des Unterbauches etwas unter Ihrer Kleidung tragen, das eine ungewöhnliche Empfindung erzeugt und Sie an die Übung erinnert – zum Beispiel eine weiche Binde oder ein Heftpflaster.

Entdeckungen

Gewöhnlich leiten wir Handlungen von unserem Kopf aus ein. Unser Geist befiehlt unseren Armen und Händen, zuzugreifen und etwas aufzunehmen, das wir benutzen oder essen wollen. Unser Körper ist etwas passiv und wartet auf den Puppenspieler in unserem Kopf, damit er an den Fäden zieht und uns in Aktion setzt. In der Zen-Übung und in den Kampfkünsten werden die Schüler instruiert, sich auf dynamischere und integrierte Weise zu bewegen, indem sie sich ihres Schwerpunktes, des Hara, bewusst werden und jede Aktion von diesem imaginären Punkt ausgehen lassen. Wenn sie aus einem Sessel aufstehen, ist es das Hara, das aufsteht, und der Rest des Körpers folgt. Wenn sie gehen, ist es, als bewegte sich das Hara gleichmäßig vorwärts und die Beine wären bloß darunter in Bewegung. Wir können auch auf das Hara fokussiert stehen, wobei die Knie leicht gebeugt sind und das Gewicht gleichmäßig auf beide Beinen verteilt ist.

Menschen, die Sport treiben, benutzen dabei häufig ihren Schwerpunkt. Ein Tennisspieler, der auf einen Aufschlag wartet, beugt sich nach vorn, um den Schwerpunkt tief zu halten, ebenso wie ein Football-Spieler, der mit dem Ball rennt. Ihre Geschwindigkeit, ihre Flexibilität und ihre Beweglichkeit entspringen diesem Zentrum. Ein Golfspieler lässt seinen Körper um dieses Zentrum kreisen, wenn er seinen Schwung ausführt. Das Kanu- oder Kajakfahren braucht viel weniger Kraft, wenn das Stoßen und Ziehen des Paddels vom Hara ausgeht.

Menschen, die diese Achtsamkeitsübung praktizieren, bemerken oft, dass sie über mehr Stabilität, ein besseres Gleichgewichtsgefühl und mehr körperliche Kraft verfügen. Sie entdecken auch, dass das Ruhen im Hara Einfluss auf den Geist hat. Er wird ruhiger, konzentrierter, und das Feld der Bewusstheit erweitert sich. Wir sitzen vielleicht in einer Konferenz und sind in eine hitzige Diskussion verwickelt, aber wenn wir unsere Aufmerksamkeit in unsere Mitte absinken lassen, dann bemerken wir mehr von dem, was im gesamten Raum vor sich geht; wir sind uns all der Menschen in diesem Raum bewusst, des Geräuschs einer tickenden Uhr oder des nervösen Hustens eines Anwesenden.

Wenn Menschen die Achtsamkeit auf das Hara lange genug üben, stellen sie oft fest, dass dies eine stabilisierende Wirkung auf ihre Gefühle hat. Wenn eine schwierige Emotion, wie etwa Zorn, auftaucht, dann wächst diese Emotion nicht weiter und verschwindet bald wieder, wenn sie ihre Aufmerksamkeit in ihren Schwerpunkt absinken lassen. Ruhen Sie im Hara, dann sind Sie wie eines dieser Stehaufmännchen, die in ihrem Unterleib ein Gewicht haben. Man kann Sie zur Seite kippen oder umstoßen, aber Sie werden immer zurückschnellen und sich wieder aufrichten.

Vertiefung

Fragt man Menschen, wo in ihrem Körper sie sich befinden, dann werden in unserer Kultur die meisten auf ihren Kopf zeigen. In asiatischen Ländern zeigen die Menschen eher auf ihre Brust (das Herz) oder auf ihren Bauch. Mein erster Zen-Meister sagte oft, wenn er an jemandem vorbeiging: „Sie sind oben in Ihrem Kopf." Er vermochte zu sehen, ob sich jemand in die Konfusion wirbelnder Gedanken verloren hatte, und er erinnerte diesen Menschen daran, sein Bewusstsein in das Hara absinken zulassen. Mein zweiter Zen-Meister instruiert seine Schüler, sich vorzustellen, sie hätten einen zweiten „Kopf" in ihrem Bauch, und aus diesem unteren Zentrum heraus zu hören, zu reden und sich zu bewegen. Sie werden bemerken, dass die Übung des absorbierenden Zuhörens (Kapitel 38) verstärkt wird, wenn Sie aus Ihrem Schwerpunkt heraus zuhören.

Die Körpermitte ist für die Japaner etwas sehr Wichtiges. Sie haben viele Redewendungen, die sich darauf beziehen, etwa *hara no hito* (wörtl.: „Hara-Mensch"), womit eine Person charakterisiert wird, die Mut, Integrität, Entschlossenheit, Willensstärke und einen guten Charakter besitzt. Im Gegensatz dazu bezeichnet *hara-ga nai* (wörtl.: „kein Hara vorhanden") einen Menschen, der keinen Mut und keine Entschlossenheit besitzt. *Hara-ga okii* ist eine Person mit einem großen Hara, jemand, der großzügig, mitfühlend und offenherzig ist. *Hara-o suete* bedeutet, ein „gesetztes" Hara zu haben, also ruhig und beständig zu sein.

Das Hara ist zwar kein körperliches Organ, aber es ist ein energetisches Zentrum, das mit fortgesetzter achtsamer Aufmerksamkeit gestärkt werden kann, bis es mit der Zeit zu einer physisch spürbaren Eigenschaft einer starken Präsenz wird. Ich bin Zen-Meistern begegnet, die eine solche Hara-Kraft entwickelt hatten, dass es sich anfühlte, als säße ein großer Felsblock mit einem im Zimmer.

Beim Praktizieren der Achtsamkeitsübungen in diesem Buch wird Ihnen auffallen, dass viele darauf beruhen, Ihre Aufmerksamkeit aus Ihrem Kopf und Ihren Gedanken heraus in Ihren Körper zu verlagern. Unsere Gedanken bekommen den gegenwärtigen Augenblick niemals zu fassen, da der gegenwärtige Moment ein Augenblick reiner physischer Empfindung ist. Nehmen wir zum Beispiel an, Sie sähen einen Sonnenuntergang voller leuchtender Farben. Sobald sich ein Gedanke darüber bildet, sind wir bereits einen Sekundenbruchteil von der reinen Wahrnehmung entfernt. Wenn wir denken „Oh, was für ein wundervoller Sonnenuntergang! Erinnerst du dich noch an den, den wir letztes Jahr am Meer gesehen haben?", dann befinden wir uns nicht mehr in der bloßen Erfahrung von Farbe und Licht. Der Geist hat sich bereits von der Erfahrung entfernt, um das, was wir sehen, einen „Sonnenuntergang" zu nennen und um Gedanken sowie Erinnerungen und Vergleiche mit einem *anderen* Sonnenuntergang hervorzubringen.

Die Gedanken sind aber nicht annähernd so erfreulich wie die ursprüngliche Erfahrung – der plötzliche Anblick der leuchtenden Farben am Himmel. Tatsächlich können die Gedanken über den Sonnenuntergang sogar ziemlich störend sein, da sie uns von der natürlichen Freude an der bloßen Wahrnehmung leuchtender Farben trennen. Diese Kluft zwischen uns und den Dingen, das Gefühl, dass wir irgendwie in Watte gepackt sind, dass wir die Dinge nicht direkt erfahren, ist für einen großen Teil unserer Unzufriedenheit mit dem Leben verantwortlich. Sie ist auch der Grund dafür, dass die Leute versuchen, die Intensität aller Dinge noch zu verstärken, von der Salzigkeit von Kartoffelchips über den Koffeinkick verschiedener Getränke bis zur Lautstärke der Auto-Stereoanlage.

Die Kluft zwischen uns und allem anderen lässt sich nicht dadurch schließen, dass wir Intensität zu unserem Leben hinzufügen. Es ist unser unablässiges Denken, welches die Lücke erzeugt. Wenn wir unsere „Operationszentrale" von unserem Geist in unser Hara verlagern, geschieht etwas. Unwesentliches Denken beruhigt sich, unser Bewusstsein öffnet sich und das unangenehme Gefühl einer Kluft zwischen uns und allem anderen löst sich auf. Versuchen Sie es!

SCHLUSSWORTE: Wann immer Sie das Gefühl haben, aus dem Gleichgewicht geraten zu sein, lassen Sie Ihr Bewusstsein in Ihre Mitte absinken. Das wird Ihren Körper, Ihren Geist und Ihr Herz stabilisieren.

51
Liebende Güte für den Körper

DIE ÜBUNG: Praktizieren Sie eine Woche lang liebende Güte für Ihren Körper. Verwenden Sie mindestens fünf Minuten täglich auf diese Übung. Sie könnten dies während Ihrer Meditationszeit tun. Setzen Sie sich auf einen bequemen Stuhl und atmen Sie normal. Seien Sie sich bei jedem Einatmen bewusst, dass frischer Sauerstoff und Lebensenergie in Ihren Körper eintreten. Senden Sie diese Energie bei jedem Ausatmen durch den Körper, zusammen mit diesen stillen Worten: „Mögest du frei von Unwohlsein sein. Möge es dir wohlergehen. Mögest du gesund sein."

Schließlich können Sie diesen Ablauf vereinfachen, indem Sie bei jedem Ausatmen einfach nur noch „Wohlergehen" sagen. Immer dann, wenn Ihre Aufmerksamkeit im Laufe des Tages auf Ihren Körper gelenkt wird (etwa wenn Sie sich selbst in einem Spiegel sehen oder wenn Sie ein Unwohlsein verspüren), dann senden Sie dem Körper liebende Güte, und sei es nur für einen Moment.

Gedächtnisstützen

Bringen Sie an strategisch günstigen Stellen die Worte „Liebende Güte für den Körper" an – etwa an Ihrem Spiegel, neben Ihrem Nachttisch oder an der Decke über Ihrem Bett. Wenn Sie lieber ein Bild verwenden, dann könnte es der Umriss eines Körpers mit einem großen Herzen in der Mitte sein.

Entdeckungen

Viele Menschen verspüren Widerstand gegen diese Übung. Sie „vergessen" immer wieder, sie zu praktizieren. Schließlich entdeckten sie, dass diesem Widerstand eine Abneigung gegenüber ihrem Körper zugrunde liegt. Unser ganzes Leben lang hat man uns Bilder von perfekten Körpern vor Augen geführt sowie von Menschen, deren Jugend, Reichtum, Chirurgen oder Steroide es ihnen erlaubt haben, einen solchen Körper zu schaffen – Filmstars, Schönheitsköniginnen, Bodybuilder und professionelle Athleten. Unser gewöhnlicher Körper lässt sich nicht mit dem ihren vergleichen, und so kann sich in unserem Geist eine unterschwellige Abneigung gegenüber unserem Körper ansammeln. Mein Bauch ist zu fett, meine Brüste haben die falsche Größe, meine Beine sind zu kurz, meine Haare oder meine Augen haben die falsche Farbe.

Früher hatten vor allem Frauen hiermit zu kämpfen, doch die Werbung hat jetzt auch die Männer mit diesem durchgängigen Ungenügen infiziert. Ein junger Mann gestand, dass er immer seine Brustbehaarung gehasst hatte. Dies war überraschend, weil viele Männer über einen Mangel an „männlicher" Brustbehaarung klagen. Er berichtete, man habe sich auf der Schule über ihn lustig gemacht, weil seine Brustbehaarung schon früh zu wachsen begann. Obwohl ihm klar war, dass die anderen Jungs tatsächlich neidisch waren, blieb doch eine schmerzliche und hartnäckige Beschämung in ihm zurück.

Andere Menschen finden heraus, dass sie sich lieber „in ihrem Kopf" aufhalten und Gedanken denken, die sie kontrollieren können, als Achtsamkeit auf den Körper mit all seinen geheimnisvollen und manchmal sogar erschreckenden Empfindungen zu praktizieren. Was hat dieser kurze, plötzliche Schmerz in meinem Kopf zu bedeuten? Habe ich vielleicht einen Gehirntumor? Unserem Körper widerfahren so viele Dinge, die wir nicht kontrollieren können – etwa Krankheiten, Altern und Sterben. So kann es sein, dass wir uns von unserem Körper bedroht oder sogar verfolgt fühlen. Warum nur verhält er sich nicht wie eine perfekte, wartungsfreie und stets wie geschmiert laufende Maschine?

Vertiefung

Nichts kann blühen und gedeihen, wenn es mit negativer Energie bombardiert wird – weder Kinder noch Haustiere noch Topfpflanzen, noch unser Körper. Wenn das Erscheinungsbild unseres Körpers nicht den Normen unseres inneren Perfektionisten oder unseres inneren Kritikers entspricht, kann es sein, dass wir uns seinetwegen frustriert oder verärgert fühlen. Dies kann auch geschehen, wenn ein Körperteil durch eine Verletzung oder eine Krankheit in Schwierigkeiten ist. Wir beginnen unseren Körper zu fürchten oder wütend auf ihn zu sein. Dies ist keine gesunde Umgebung für unseren Körper und kann sogar zu einer Krankheit führen.

Liebende Güte ist eine spürbare Kraft, eine heilende Kraft. Die Menschen erkennen auch, dass sie sich physisch besser fühlen, wenn sie ihrem Körper liebende Güte senden. Geistige Anspannung erzeugt körperliche Spannung, die die Muskeln verkrampft und die Durchblutung einschränkt. Da ich nun älter geworden bin, mag mein Körper nicht mehr so früh am Morgen aufstehen. Praktiziere ich jedoch zu Beginn meiner Morgenmeditation liebende Güte für meinen Körper, so ist das, als nähme ich zwei Aspirin. Übe ich vor dem Einschlafen liebende Güte für meinen Körper, so kann ich mich tiefer entspannen. Und lasse ich sie meinem Körper zukommen, wenn er müde oder krank ist, so fühlt sich das an wie ein heilender Balsam. Liebende Güte führt dazu, dass wir uns auf allen Ebenen – in Körper, Geist und Herz – wohler fühlen.

Vielen Menschen widerstrebt es, sich selbst liebende Güte zukommen zu lassen. Sie haben das Gefühl, dies wäre egoistisch und sie sollten diese für andere praktizieren, die sich in einem schlechteren Zustand als sie selbst befinden. Doch liebende Güte für uns selbst ist keineswegs egoistisch. Es ist eine Vorbedingung dafür, dass wir sie auf andere Menschen ausdehnen können. Ist unser eigenes Reservoir an liebender Güte gefüllt, dann wird sie ganz natürlich überlaufen und zu anderen Menschen hin fließen.

SCHLUSSWORTE: Praktizieren Sie täglich und wenigstens einmal pro Tag liebende Güte für Ihren Körper. Dies ist die beste Art von alternativer Medizin.

52
Lächeln

DIE ÜBUNG: Bitte gestatten Sie es sich eine Woche lang, zu lächeln. Achten Sie auf Ihren Gesichtsausdruck. Bemerken Sie von innen her: Sind die Mundwinkel abwärts oder aufwärts gerichtet? Sind die Zähne zusammengebissen? Ist die Region zwischen den Augenbrauen angespannt und die Stirn gerunzelt? Wenn Sie an einem Spiegel oder spiegelnden Fenster vorbeikommen, werfen Sie einen Blick auf Ihren Gesichtsausdruck. Wenn Sie einen neutralen oder negativen Ausdruck bemerken, lächeln Sie. Dies muss kein breites Grinsen sein; es kann ein sanftes Lächeln sein, wie das Lächeln der Mona Lisa.

Gedächtnisstützen

Befestigen Sie an verschiedenen Stellen – etwa an Spiegeln und vielleicht an Ihrem Computer, am Armaturenbrett Ihres Autos, an der Innenseite Ihrer Wohnungstür oder an Ihrem Telefon – einen Sticker mit dem Wort „Lächeln" oder ein Bild von lächelnden Lippen. Sie können versuchen, während eines Telefongesprächs zu lächeln, wenn Sie an einer roten Ampel stehen oder wenn Ihr Computer gerade das „Bitte warten"-Icon zeigt. Wenn Sie meditieren, versuchten Sie es mit einem sanften „inneren Lächeln", das dem Lächeln auf dem Gesicht des Buddha gleicht.

Entdeckungen

Manchen Menschen widerstrebt es, diese Übung zu praktizieren. Sie haben das Gefühl, dass dieses Lächeln die ganze Zeit „falsch" oder unnatürlich ist. Wenn sie jedoch mehrfach am Tag in einen Spiegel sehen, sind sie vielleicht ziemlich überrascht zu entdecken, dass ihr gewohnheitsmäßiger Gesichtsausdruck während all der Zeit, in der sie glauben, freundlich zu schauen, tatsächlich negativ ist – ein leichtes Stirnrunzeln, abwärts zeigende Mundwinkel, die Missbilligung signalisieren. Wird den Leuten dies erst einmal klar, versuchen sie oft, ihren Gesichtsausdruck mehr zum Positiven hin zu verändern.

In unserem Kloster haben wir einmal eine extremere Version der Übung des Lächelns ausprobiert, den sogenannten „Lach-Yoga". Wir haben uns dabei – ganz gleich, wie wir uns fühlten – um 9:00 Uhr früh in einem Kreis versammelt, eine Glocke geläutet und haben dann volle zwei Minuten lang gelacht. Gelächter, das sich anfangs „künstlich" anfühlte, wurde zu einem echten Lachen, als wir andere Leute lachen sahen. Die Leute entdeckten, dass diese Übung großen Spaß machte und eine positive Stimmung hervorrief, sobald sie einmal ihren Widerstand dagegen, zu lächeln oder zu lachen, wenn ihnen nicht danach war, überwunden hatten. Ein Lehrer gab einem ziemlich mürrischen Schüler einmal die Übung, während einer einwöchigen Klausur die ganze Zeit zu „grinsen wie ein Idiot". Der Mann, der schon viele lange Klausuren mitgemacht hatte, sagte, dies sei die entspannteste und erfreulichste Klausur gewesen, die er jemals absolviert hatte.

Es gibt viele interessante Forschungen zum Lächeln. In allen menschlichen Kulturen ist das Lächeln Ausdruck von Glück. Lächeln ist etwas Angeborenes, nichts Erlerntes. Jedes Baby beginnt um den vierten Monat herum zu lächeln, selbst wenn es blind geboren wurde. Schon Babys lassen unterschiedliche Arten des Lächelns erkennen, wenn sie ihre Mutter sehen („echtes" Lächeln) oder wenn sich ihnen ein Fremder nähert („soziales" Lächeln nur mit dem Mund, aber nicht mit den Augen). Das Lächeln ist ein wirkungsvolles soziales Signal. Zeigt man Menschen Bilder von unterschiedlichen ethnischen Gruppen, dann finden sie jene Gruppen sympathischer, deren Mitglieder lächeln. Lächeln hilft, Zorn bei anderen zu entschärfen. Man kann ein Lächeln auf eine Distanz von 100 Metern – die Distanz eines Speerwurfs – von einem negativen Gesichtsausdruck unterscheiden.

Die Forschung zeigt auch, dass das Lächeln viele förderliche physiologische Wirkungen hat. Es senkt den Blutdruck, stärkt das Immunsystem und setzt natürliche Schmerzmittel (Endorphine) sowie ein natürliches Antidepressivum (Serotonin) frei. Menschen, die auf herzliche Weise lächeln, leben im Durchschnitt sieben Jahre länger als jene Menschen, die es nicht gewohnt sind zu lächeln. Lächeln lässt uns auch für andere Menschen attraktiver, erfolgreicher, jünger und liebenswerter aussehen.

Vertiefung

Lächeln ist ansteckend. Menschen, die aus einer Meditationsklausur kommen, sind oft überrascht, dass andere Menschen sie anlächeln, selbst Fremde, denen sie auf der Straße oder in einem Geschäft begegnen. Dann wird ihnen klar, dass ihr innerlich entspannter Zustand sich als ein äußeres Lächeln manifestiert und dass andere einfach auf dieses Lächeln reagieren. Die Wohltat wird erwidert: Wenn andere Menschen zurücklächeln, verbessert sich unsere Laune.

Wenn wir lächeln, so hat das nicht nur eine Wirkung auf die Stimmung anderer Menschen, sondern auch auf unsere eigenen Gefühle. Es gibt eine Rückmeldung von den Gesichtsmuskeln zu unserem Gehirn. Der Zen-Lehrer Thich Nhat Hanh sagt: „Manchmal ist Ihre Freude die Quelle Ihres Lächelns, doch manchmal kann Ihr Lächeln auch die Quelle Ihrer Freude sein."

Wenn Sie lächeln und sogar dann, wenn Sie einfach nur Ihren Mund strecken, als würden Sie lächeln, dann hebt sich Ihre Stimmung. Bei Menschen, die Botox benutzen, um Falten in ihrem Gesicht auszubügeln, nimmt die Fähigkeit ab, ihre Gesichtsmuskeln zu bewegen, auch diejenigen, die am Lächeln beteiligt sind, und damit nimmt auch die Stärke ihrer Emotionen, der positiven wie der negativen, ab. Die Erforschung des Lächelns hat klar gezeigt, dass eine Kontrolle des Gesichts helfen kann, den Geist sowie die Gefühle, die er hervorbringt, zu kontrollieren. Dale Jorgensen, ein Experte, was die Auswirkungen des Lächelns angeht, sagt:

> Ich habe ziemlich viel darüber nachgedacht. Was ich herausgefunden habe, hat eines der Prinzipien, von denen ich mich leiten lasse, verstärkt – nämlich dass wir wirklich für unser Schicksal verantwortlich sind. Wir haben vermöge unseres Handelns tatsächlich einen Einfluss auf das, was uns widerfährt. Das Lä-

cheln ist ein Fall, in dem ein einfacher Akt eine tiefgreifende Auswirkung auf die Art von Erfahrungen haben kann, die wir mit anderen Menschen machen und damit, wie sie uns behandeln.

Der Buddha wird immer mit einem sanften Lächeln auf dem Gesicht dargestellt. Es ist ein inspirierendes Lächeln, ein Lächeln, das der Freude der achtsamen Wachheit entspringt – der Freude eines Menschen, der unter allen Umständen zufrieden ist, selbst bei seinem Tod.

Schlussworte: Wenn das Lächeln solch eindeutig positive Auswirkungen auf uns und die Menschen um uns herum hat, dann sollten wir es vielleicht mit einer „ernsthaften" lebenslangen Praxis des Lächelns versuchen.

53
Die Dinge besser hinterlassen, als wir sie vorgefunden haben

DIE ÜBUNG: Diese Übung führt die Praxis des „Keine Spuren hinterlassen" (Kapitel 2) noch einen Schritt weiter. Suchen Sie nach Möglichkeiten, und seien es nur Kleinigkeiten, einen Raum oder Dinge sauberer oder ordentlicher zu hinterlassen, als Sie sie vorgefunden haben.

Gedächtnisstützen

Befestigen Sie an geeigneten Stellen die Worte „Besser als vorgefunden" – etwa in der Küche, im Badezimmer oder Schlafzimmer und an der Innenseite der Tür zu diesen Räumen.

Entdeckungen

Wenn Sie diese Übung praktizieren, sind Sie anfangs vielleicht verwirrt, wenn Sie sehen, wie viel verbessert werden *könnte*. Soll ich etwa allen Abfall auf dem Gehsteig vor meiner Wohnung aufheben? Und was ist mit der Straße oder dem Park? Wo höre ich auf?

Die beste Arena für diese Übung ist ganz alltäglich und eng begrenzt und betrifft all die kleinen Dinge, die wir tun können – etwa ein Stück Zeitungspapier aufheben, das an der Bushaltestelle vom Wind über den Boden gewirbelt wird, den Abdruck einer übergelaufenen Kaffeetasse auf der Küchenanrichte wegwischen, im Vorbeigehen die Kissen auf der Couch ordnen oder ein Papierhandtuch verwenden, um das Waschbecken in einer öffentlichen Toilette auszuwischen. Manche jungen Menschen gestanden, sie zögerten, diese Übung auszuführen, „weil man so etwas dann künftig von mir erwarten könnte". Diese Erwartungen, so sagten sie, könnten von anderen kommen, etwa ihren Eltern, aber auch von ihnen selbst, und sie begannen sich schuldig zu fühlen, wenn sie Dinge unordentlich hinterließen.

Diese Übung scheint besonders anfällig zu sein für das, was ich „gedankliche Verschmutzung" nenne. Einige Übende gerieten auf Irrwege, indem sie begannen, über die philosophischen Implikationen dieser Aufgabe nachzudenken. Sie fragten sich, was angesichts der Jahrhunderte fehlgeschlagener Versuche, die Welt zu verbessern, „besser" denn wirklich bedeute, und sie diskutierten darüber, ob sie dann, wenn sie schmutziges Geschirr in der Spüle vorfänden und es einfach abwaschen würden, so der anderen Person nicht „ermöglichen" würden, weiterhin unachtsam und rücksichtslos zu sein. Doch wie eine Person bemerkte: „Ich habe herausgefunden, dass ich immer dann, wenn ich etwas nicht saubermachen wollte, nur an mich selbst dachte – ‚Warum ich? Ich mag das nicht tun!' Wenn ich daran dachte, was andere Menschen glücklich machen würde, dann verschwand die Abneigung und es zeigte sich, dass ich Freude daran hatte, die Übung zu praktizieren." Eine andere Übende, die den unordentlichen Schuhhaufen anderer Leute vorfand, sagte, es sei eine große Erleichterung gewesen, einfach ihr inneres Urteilen fallenzulassen und bloß den Körper beim Aufräumen des Haufens aktiv werden zu lassen.

Menschen, die diese Übung auskosten, finden heraus, dass sie mit anderen Übungen zusammenhängt, etwa dem „Jasagen" (zur Verbesserung der Dinge) und der „geheimen Tugend" (der Verbesserung von Dingen, ohne dass es jemand bemerkt). Eine Übende erweiterte den Horizont dieser Übung von materiellen Dingen auf Menschen. Sie tat dies, indem sie sich fragte: „Wie kann ich diese Beziehung besser machen, als sie bisher gewesen ist?" Ein Mann versuchte es mit einer Version, die er „die Energie besser zurücklassen" nannte. Wenn er bemerkte, dass sein Geisteszustand negativ, mürrisch oder kritiksüchtig war, dann erkundete er Methoden, ihn zum Besseren zu verändern. In diesem Fall erwies sich das Singen als wirksamste Methode.

Vertiefung

Wir können auf unendlich vielfältige Weise daran arbeiten, die Dinge in der Welt besser zu machen. Auch wenn diese Übung damit beginnt, unsere unmittelbare physische Umgebung zu verbessern, hat sie jedoch weiter reichende Auswirkungen. Die meisten von uns werden nicht irgendetwas erfinden, das das Leben von Millionen von Menschen verbessern wird. (Außerdem haben, wie wir alle wissen, solche Erfindungen – von den Antibiotika über die Demokratie bis zu den Zoologischen Gärten – immer auch ihre dunkle Seite.) Doch wenn wir alle mit dem Ziel arbeiten würden, die Dinge in unserer eigenen kleinen Einflusssphäre durch unsere Präsenz darin in einem besseren Zustand zu hinterlassen, dann würde die ganze Welt enorm davon profitieren.

Bei der Übung des Zen konzentrieren wir uns darauf, den Zustand des Herz-Geistes zu verbessern. Vielen Menschen fiel auf, dass sie eine Abneigung gegen das Praktizieren dieser Übung hatten, wenn sie eine Unordnung vorfanden, die von anderen Menschen verursacht worden war. Ihnen wurde klar, dass ihre erste Aufgabe darin bestand, diese Abneigung loszulassen; dann konnten sie sich der Aufgabe des Saubermachens widmen, frei von zusätzlichem emotionalen Leiden. Wie jemand bemerkte: „Ich habe diese Übung dahingehend ausgeweitet, jetzt auch die Unordnung in meinem Geist zu bemerken und damit aufzuräumen. Ich weiß, dass alle Menschen, mit denen ich interagiere, ja im Grunde die ganze Welt, besser dran sein werden, wenn ich Verurteilung, Kritik und andere unnötige und wenig hilfreiche Gedanken in meinem Geist loslassen kann."

Die meisten Menschen wünschen sich tatsächlich von Herzen, die Welt als Ergebnis ihres Aufenthalts in ihr ein wenig besser zu hinterlassen. Sie benutzen Reinigungsmittel, die die Umwelt nicht verschmutzen, gehen mit wiederverwertbaren Einkaufstaschen in den Supermarkt und achten darauf, Ressourcen wie Energie, Nahrung oder Wasser nicht zu verschwenden. Dies sind ökologische Praktiken, mit denen man daran arbeiten kann, die Welt für uns und für unsere Nachkommen zu einem saubereren und gesünderen Ort zu machen. Spirituelle Praktiken sind Methoden des Arbeitens mit unserem Herz-Geist, mit deren Hilfe wir schwierige mentale und emotionale Zustände wie etwa Zorn, Eifersucht und Gier in förderliche Zustände wie Entschlossenheit, Freude am Glück anderer und Großzügigkeit verwandeln. Wir sollten die Auswirkungen dieser Veränderungen nicht unterschätzen. Sie strahlen aus und beeinflussen alle Menschen, denen wir begegnen, wie auch wieder die Menschen, denen sie begegnen, und sie breiten sich von dort immer weiter aus und werden zu einem wundervollen Erbe, das wir künftigen Generationen hinterlassen können.

SCHLUSSWORTE: Es ist nicht so schwer, auf unserer Reise durch die Welt diese besser zu hinterlassen. Praktizieren Sie einfach nur Freundlichkeit.

Sitzmeditation für Anfänger

Mich hat einmal jemand gefragt: „Müssen wir lernen zu meditieren? Ist Achtsamkeit nicht genug?" Das hängt davon ab. Genug wofür? Reicht Achtsamkeit aus, um Sie glücklicher zu machen? Ja. Sie reicht aus, um das allgemeine Unbehagen, die alles durchdringende Angst, die unterschwellige Depression und die Ruhelosigkeit auszuräumen, die uns so oft heimsuchen. Medizinische Studien haben gezeigt, dass die Übung von Achtsamkeit Schmerzen sowie viele Krankheiten von Körper und Geist – von Asthma bis zur Schuppenflechte, von Essstörungen bis zur Depression, lindern können. Es ist wahrhaftig eine wundervolle Entdeckung, dass es uns glücklicher und gesünder machen kann, wenn wir einfach präsent sind und uns unser Leben in vollerem Umfang zu eigen machen.

Achtsamkeitsübungen sind eine Art von Meditation-in-Aktion oder Gebet-in-Aktion. Es gibt noch einen anderen Aspekt der Achtsamkeit, zu dem das stille Sitzen gehört. Wir nennen ihn oft die Sitzmeditation. Wenn der Körper stillhält, kann auch der Geist ruhiger werden. Wenn der Geist sich beruhigt, dann vermögen wir etwas Raum um das Gewirr unserer Gedanken herum zu schaffen. Wir bekommen die Möglichkeit, die wichtigen Fragen unseres Lebens tief zu erkunden.

Wenn der individuelle Geist mit all seinen Erinnerungen und Sorgen still ist, gewinnen wir Zugang zu einem tiefen Strom von Weisheit, der in Form von Einsichten an die Oberfläche treten kann, die die Kraft besitzen, den Verlauf unseres Lebens zu ändern. Das Auftauchen dieser Weisheit wird unterschiedlich benannt: Durchbruch, Erwachen zur Wahrheit, Stimme des Göttlichen.

Ganz gleich, wie es benannt wird – wenn wir es in uns selbst erfahren, wird unser Leben transformiert. Es macht uns keine Angst mehr, in dieser unvorhersehbaren, komplexen Welt zu leben. Wir wissen, dass wir, genauso wie alle anderen Lebewesen, zu dieser Welt gehören – und zwar genau dort, wo wir sind, und genau so, wie wir sind.

Hier sind die grundlegenden Anleitungen zur Sitzmeditation. Ich möchte Sie ermutigen, einen Lehrer zu suchen, der Sie weiterführen kann.

Grundlegende Meditationsanweisungen

Setzen Sie sich auf einen Stuhl oder auf ein Sitzkissen am Boden. Ihre Haltung sollte entspannt, aber aufrecht sein, sodass Sie viel Raum in Ihrer Brust und Ihrem Bauch für die Atmung haben. (Wenn es Ihnen nicht möglich ist, aufrecht zu sitzen, dann können Sie auch liegend meditieren.)

Richten Sie Ihre Aufmerksamkeit auf Ihren Atem. Finden Sie Stellen in Ihrem Körper, an denen Sie die Empfindungen des Atmens besonders deutlich spüren. Versuchen Sie nicht, Ihre Atmung zu verändern; Ihr Körper weiß sehr gut, wie er atmen soll. Kehren Sie mit Ihrer Aufmerksamkeit einfach immer wieder zur Atmung zurück.

Lassen Sie Ihre Aufmerksamkeit für die volle Dauer des Einatmens und die volle Dauer des Ausatmens bei der sich ständig verändernden Empfindung des Atmens verweilen. Immer, wenn Ihr Geist von der Aufmerksamkeit auf den Atem abschweift (was wahrscheinlich oft geschieht), lenken Sie ihn sanft wieder auf die Atmung zurück. Dabei machen wir die Erfahrung, entspannt, aber vollkommen präsent zu sein, so als seien wir an einem Ferientag aufgewacht und hätten sonst nichts zu tun, außer uns der einfachen Freude des Dasitzens und Atmens zu widmen.

Fahren Sie damit etwa 20 oder 30 Minuten fort, das ist ein guter Zeitraum für eine Meditationssitzung. Es ist auch gut, wenn Sie länger sitzen wollen. Es ist am besten, wenn Sie jeden Tag meditieren und die Meditation zu einem Teil Ihrer persönlichen Hygiene machen – so als nähmen Sie eine Dusche (für Ihren Geist). An einem sehr vollgepackten Tag müssen Sie die Meditation vielleicht verkürzen. Fünf oder zehn Minuten täglich ist besser als einmal im Monat zwei Stunden. Ich finde, dass sich jede Minute der Meditation doppelt und dreifach in Form von mehr Klarheit, Gleichmut und Effizienz während eines anstrengenden Tages auswirkt.

Weitere Übungsformen

Einige der Übungen in diesem Buch kann man in die Perioden der Meditation, Kontemplation oder des Gebets integrieren. Seien Sie kreativ. Hier sind einige wenige Beispiele:

Kapitel 4: Die eigenen Hände wahrnehmen

Öffnen Sie beim Meditieren Ihr Gewahrsein für die Gefühle in Ihren Händen, insbesondere, wenn diese sich berühren. Christen mögen vielleicht auf den Gedanken „Dies sind die Hände Gottes" meditieren.

Kapitel 16: Nur drei Atemzüge

Halten Sie Ihren Geist während der Meditation für drei Atemzüge vollkommen offen und empfänglich, frei von jedem Gedanken. Dann entspannen Sie sich und lassen Ihren Geist wandern, wie er will. Nach einigen Minuten lassen Sie Ihre Gedanken erneut fallen und richten Ihre volle Aufmerksamkeit für drei Atemzüge auf das Thema des Gebets oder der Meditation. Wiederholen Sie dies immer wieder.

Kapitel 23: Leerer Raum

Machen Sie den Raum zum Thema Ihrer Meditation. Werden Sie sich zum Beispiel des Raumes in Ihrem Körper (der Lunge) bewusst, des Raumes in Ihrem Zimmer, des Raumes in Ihrem Geist – zwischen Ihren Gedanken.

Kapitel 38: Zuhören wie ein Schwamm

Lauschen Sie während der Meditation oder Kontemplation aufmerksam auf alle Geräusche, die Sie hören, sowohl die offenkundigen als auch die kaum wahrnehmbaren Geräusche. Lauschen Sie, als könnten Sie jeden Moment eine wichtige Botschaft hören.

Kapitel 48: Licht

Meditieren Sie auf die Flamme einer kleinen Kerze, die etwa einen oder zwei Meter vor Ihnen steht. Oder meditieren Sie in vollständiger Dunkelheit.

Literaturempfehlungen

Die im Folgenden genannten Bücher gehören zu den am klarsten geschriebenen und populärsten Büchern über Achtsamkeit:

Gunaratana, Mahathera Henepola: *Die Praxis der Achtsamkeit. Eine Einführung in die Vipassana-Meditation.* Heidelberg: Kristkeitz, 2002.

Hanh, Thich Nhat: *Das Wunder der Achtsamkeit.* Berlin: Theseus, überarbeitete Neuauflage 2001.

Hanh, Thich Nhat: *Die Kunst des glücklichen Lebens.* Berlin: Theseus, 2001.

Kabat-Zinn, Jon: *Gesund durch Meditation. Full Catastrophe Living.* München: Barth, 2011.

Kabat-Zinn, Jon: *Im Alltag Ruhe finden. Meditationen für ein gelassenes Leben.* Frankfurt am Main: Fischer Taschenbuch, 2010.

Über die Autorin

Dr. med. Jan Chozen Bays ist Kinderärztin, Meditationslehrerin und Autorin von „Achtsam Essen". Darüber hinaus ist sie Äbtissin des Great-Vow-Zen-Klosters in Oregon, wo die Achtsamkeitsübungen dieses Buchs entwickelt und verfeinert wurden. Die Ehefrau, Mutter und Großmutter arbeitet gerne im Garten, gestaltet mit Ton und spielt Marimba. Weitere Informationen finden Sie unter www.greatvow.org/teachers.htm.

Barbara Kündig
Yoga Nidra
Die Perle der Tiefenentspannung – In 30 Minuten völlig erfrischt
ISBN 978-3-89385-637-4
Gebundene Ausgabe, 120 Seiten + CD mit 2 Anleitungen

Yoga Nidra bildet mit Autogenem Training und Progressiver Muskelentspannung die dritte Säule der höchst effizienten Entspannungstechniken. Richtig erlernt, ist die Methode ebenso einfach wie wirksam. Sie führt den Übenden wechselweise zwischen Tiefenentspannung und entspannter Achtsamkeit hin und her. Dabei bleibt man auch in der tief entspannten Phase der anleitenden Stimme von der CD verbunden und kann somit leicht zwischen Tiefenentspannung und wachsamer Entspannung hin- und herpendeln. Mit dieser erprobten Technik ist es möglich, in nur 30 Minuten körperlich, mental und emotional völlig zu entspannen. Yoga Nidra wird auch zur Stärkung des Immunsystems, bei Herz-Kreislauf-Beschwerden und Verkrampfungen wie Migräne und Kopfschmerz empfohlen, ist bei Schlafproblemen verschiedenster Art angezeigt und fördert allgemein die Konzentration, Effizienz und Kreativität. Zu der klassischen Yoga-Nidra-Übung enthält die CD eine zweite Anleitung. Diese „Vertiefende Übung" löst tiefer sitzende Blockaden, Prana fließt verstärkt, und es liegt mehr Gewichtung auf dem meditativen Aspekt.

Mohsen Charifi
Ein Tag mit der Liebe
ISBN 978-3-86410-030-7
Gebundene Ausgabe 216 Seiten · Format: 14,2 x 22,1 cm

Als das junge Mädchen mit dem Namen Verliebtheit am frühen Morgen auf Liebe trifft, die ihr als alter Mann erscheint, fragt sie ratlos und verzweifelt: „Wie könnte auch ich zur Liebe werden, damit mein schwerer Rucksack voller Sehnsüchte, Hoffnungen, Erinnerungen, Enttäuschungen und Ängste leichter wird?" In einem intensiven Zwiegespräch zwischen Liebe und Verliebtheit löst sich ihre anfängliche Rat- und Rastlosigkeit und Verzweiflung schrittweise auf. Die Geschichte weist durch viele anschauliche Beispiele einen Weg heraus aus dem, was mehr Kummer und Sorgen als Freude bereitet, beleuchtet die Macht von versteinerten Erinnerungen und die Verführung von Minutenwahrheiten. Als schließlich der Abend dämmert, ist Verliebtheit zu einer neuen Sicht- und Lebensweise gelangt. Dadurch befreit sie sich nicht nur von ihrem schweren Rucksack und erfährt den Zauber des Glücks – vielmehr erfährt sie das Wesen der Liebe, das weit über das alltägliche Glück hinausgeht. – Dieses Buch ist ein Kurs in Liebe. Jede Zeile bringt uns der Wahrheit unseres Lebens näher. Ein Buch, das man nicht mehr aus der Hand legen mag.

Matthias Ennenbach
Befreit – Verbunden
Der buddhistische Weg zu einer glücklichen Liebesbeziehung
ISBN 978-3-89385-666-4
Broschiert 244 Seiten · Format: 13,7 x 21,5 cm

Das Streben nach Liebe und Geborgenheit ist eines der grundlegendsten menschlichen Bedürfnisse. Es ist verwandt mit unserem Sehnen nach Partnerschaft, in welcher Form auch immer wir sie uns vorstellen. – Für viele Menschen sind die Liebe und das Leben in einer Beziehung eine Quelle des Glücks, aber häufig auch eine Ursache für wiederkehrende Leidenserfahrungen. Sicherlich suchen wir alle einen möglichst hilfreichen Weg gegen unsere Nöte und für unser Glück. Es ist sehr bemerkenswert, dass wir aus einer so alten Tradition wie der buddhistischen recht bedeutsame Antworten und Hilfen für ein Leben als Liebespaar erhalten können – und zwar konkrete Anleitungen zur Linderung und sogar zur Auflösung vieler unserer Beziehungsprobleme.

Dr. phil. Rick Hanson & Dr. med. Richard Mendius
Meditationen um das Gehirn zu verändern
Wie Sie Ihre neuronalen Bahnen neu verbinden und Ihr Leben transformieren

ISBN 978-3-89385-633-6
Audio CD 3 CDs in Box, 3 Stunden Spielzeit

Unser Gehirn verändert sich fortwährend in einem dynamischen Prozess, der aktiv unterstützt werden kann. Dies ist die brisante Schlussfolgerung von *Meditationen, um das Gehirn zu verändern*, einem wegweisenden CD-Programm des Neuropsychologen Rick Hanson und des Neurologen Richard Mendius. Gemeinsam schrieben die Autoren den aktuellen US-Bestseller Buddha's Brain. Die hier präsentierten Erkenntnisse basieren auf einer drei Jahrzehnte andauernden Grundlagenforschung. Hanson und Mendius zeigen, wie jeder seine mentalen Kreisläufe stärken kann, um Glück, Liebe und inneren Frieden zu entwickeln. – Nehmen Sie an der Entdeckung dieser faszinierenden Einsichten über Ihr Gehirn teil und lernen Sie, wie Sie es bewusst neu vernetzen und zu hervorragenden Erfolgen gelangen können. – Anschließend erlernen Sie sieben geführte Meditationen, um auf Ihr Gehirn einzuwirken.

Chögyam Trungpa
Arbeit, Sex, Geld
Meditation in Aktion

ISBN 978-3-89385-669-5
Broschiert 304 Seiten · Format: 13,7 x 21,5 cm

Dieses Buch durchbricht die Grenzen zwischen dem spirituellen und dem weltlichen Leben. Chögyam Trungpa zeigt, dass Arbeit, Sex und Geld ebenso Teil unseres spirituellen Lebens wie Teil unserer alltäglichen Existenz sind. Arbeit, Sex und Geld sind verbunden mit Ego, Selbstbild, Karma, Achtsamkeit und Meditation. – Jeden Tag stellen wir uns den üblichen Herausforderungen. Zusammengefasst lauten sie: »Arbeit, Sex und Geld«. Jeder von uns erhofft sich genau davon Erfüllung und Freude, und oftmals ist das auch so. Aber ebenso oft sind diese Lebensbereiche auch der Ursprung von Problemen, für die wir praktischen Rat und Lösungen suchen. Chögyam Trungpa hat ein Rezept dafür: eine Dosis Realitätssinn und eine Dosis Achtung vor uns selbst und vor der Welt. Seine grundlegenden Lehren über Arbeit, Sex und Geld feiern das Heilige des Lebens und unsere Fähigkeit, mit seinen Windungen und Wendungen in Würde, mit Humor und in Freude umzugehen.

David Richo
Versöhnung mit der Vergangenheit
Lösungen für eine glückliche Zukunft

ISBN 978-3-86410-054-3
Taschenbuch 304 Seiten · Format: 12 x 19 cm

Der Psychotherapeut David Richo zeigt auf, wie wir die Vergangenheit in unseren gegenwärtigen Beziehungen wiederholen – und wie wir uns von destruktiven Mustern befreien können. Wenn alte Wunden schmerzen, hilft nur Bewusstwerden. Bewusst können wir unser emotionales Gepäck erkennen und Schritte unternehmen, es zu integrieren und innerlich zu wachsen. Ein erhellendes Buch über unsere Neigung, starke Gefühle, Bedürfnisse und Erwartungen aus der Kindheit oder aus früheren Beziehungen zu übernehmen und sie auf die Menschen zu übertragen, mit denen wir heute zu tun haben. Wir erkennen, wie Wunden aus der Kindheit in erwachsenen Beziehungen zutage treten – und weshalb dies ein Geschenk ist. Wir lernen emotionale Risse zu identifizieren und zu heilen. Wir erkennen Abneigungen gegen Personen als Hinweis, unsere emotionalen Hausaufgaben zu erledigen. – Und nicht zuletzt nutzen wir Achtsamkeit, um authentische Intimität zu leben.